OFF

DES MÊMES AUTEURS

De si bons amis, Plon, 1994.
Le Testament inachevé : entretien avec le Cardinal Decourtray, Flammarion, 1994.
Le Roman du président, vol. 1 : *L'humiliation, la résurrection, le reniement*, Plon, 1997.
Le Roman du président, vol. 2 : *Le miraculé*, Plon, 2000.
Le Roman du président, vol. 3 : *Le sacre*, Plon, 2003.

Nicolas Domenach

Sarkozy au fond des yeux, Jacob-Duvernet, 2004.
Ça va mal finir, Plon-Perrin, 2006.

Maurice Szafran

Les Familles du Président, avec Sammy Ketz, Grasset, 1982.
Chirac, ou les passions du pouvoir, Grasset, 1986.
Les Juifs dans la politique française, Flammarion, 1990.
Simone Veil : destin, Flammarion, 1996.

Nicolas Domenach
Maurice Szafran

OFF

Ce que Nicolas Sarkozy
n'aurait jamais dû nous dire

Fayard

Ouvrage édité sous la direction d'Anthony Rowley

Couverture :
Conception graphique Cheeri
Caractère Jigsaw, Johanna Bilak
Photographie de couverture © Pino Pace
Photographie auteurs © Annie Assouline

Dépôt légal 2011

© Librairie Arthème Fayard, 2011.
ISBN : 978-2-213-66184-1

Le vrai est très souvent invraisemblable.

Sigmund Freud
*L'Homme Moïse
et la religion monothéiste*, 1934.

Pourquoi

Donc raconter. Briser, une fois pour toutes, cette règle d'airain qui, depuis tant d'années, depuis que les journaux modèlent en partie l'opinion publique, gouverne la relation entre les journalistes et les responsables politiques : la connivence, la complicité, la compréhension mutuelle. Nul mérite, d'ailleurs, à tourner cette page. Nicolas Sarkozy nous y contraint. Grâce lui en soit rendue...

Qu'on ne s'y trompe pas, ce temps passé, où, responsables politiques et journalistes, nous nous protégions mutuellement, ne méritait pas forcément l'opprobre ; il incarnait aussi une époque bourgeoise et civilisée où le mélange des genres privé et public était interdit. Certes, nous en savions beaucoup ; mais il n'était pas question de « tout » balancer, de « tout » écrire, de « tout » mettre sur la table. La vie privée des hommes publics ne regardait qu'eux et... nous. Nous nous délections de ces histoires ; parfois certains d'entre nous les transformaient en roman et notre prestigieuse aînée, Françoise Giroud[1], ne s'en priva pas. Mais l'auditeur, le lecteur, le téléspectateur n'avait pas, lui, à être abreuvé de ces cancans. Parce que, nous avaient expliqué nos maîtres – et ils avaient en grande partie raison –, ces histoires de maris et de femmes trompés, de maîtresses et d'amants à peine dissimulés, d'enfants adultérins sortis petit à petit de l'ombre, demeuraient sans intérêt puisqu'elles n'éclaireraient en rien la bonne marche ou le dysfonctionnement des affaires publiques. C'était en partie faux mais, au moins, rassurant. Nous demeurions entre gens civilisés, de bonne compagnie, chacun à sa place, même si nous partagions les mêmes avions, les mêmes tables de restaurant et, parfois, les mêmes lits. Le public n'avait pas à être averti de ces détails-là.

C'était compter sans Nicolas Sarkozy.

Sans doute est-ce aller vite en besogne que de faire porter à l'actuel président de la République la responsabilité entière de ces mœurs apparemment nouvelles, celles du « je raconte tout », celles du « je montre tout », celles d'une société radicalement exhibitionniste. Le libertinage en politique, si l'on s'en tient à cet aspect, ne date pas d'hier et la Ve République – puisque nous observons en journalistes cette période-là depuis près de trente ans déjà – n'a jamais été chiche en petites histoires, en miniscandales, en ragots de tous ordres, en dégueulasseries organisées. Claude, l'épouse du président Pompidou, fut accusée de se prêter à des partouzes

---

1. *Le Bon Plaisir*, éditions Mazarine, 1983.

avec Alain Delon sous la férule d'un play-boy-gangster minable, Stefan Markovic. Infamie véhiculée par des barbouzes voulant éliminer Pompidou de la course à la succession du général de Gaulle. Déjà, il fallait contourner la difficulté : comment éviter de verser dans l'immonde – des photomontages circulaient dans les rédactions... – alors que l'affaire devenait chaque jour plus politique, qu'elle prenait une place centrale dans le dispositif de guerre qui déchirait le mouvement gaulliste, au point de provoquer une rupture irrémédiable entre de Gaulle et Pompidou ? Nous sommes en 1969, Nicolas Sarkozy est âgé de quatorze ans. Il commence à se prendre de passion pour la politique, et la Ve République, elle, est secouée par une affaire de mœurs montée de toutes pièces. Pompidou est pris au piège, les journalistes aussi. Notre attitude pourtant ne varie pas : bien se tenir, mesurer chaque mot, intonation, virgule, se cantonner à une stricte séparation des sphères, privée et publique, expliquer avec précision ce qui, parfois, peut conduire les journalistes à contourner le principe. Les lecteurs se souviennent encore du formidable livre de Franz-Olivier Giesbert consacré à Jacques Chirac et la polémique qui s'ensuivit[1]. Le Directeur du *Point* avait « osé » raconter. Tout. Presque tout. Les bonnes âmes avaient crié au scandale !

Hypocrisie ? En grande partie. Manière de conserver entre nous – les politiques et les journalistes – ce misérable petit tas de secrets, d'en priver les Français jugés trop immatures par nos esprits élitistes, pour faire la part

---

1. *La Tragédie du président*, Flammarion, 2006.

des choses. Et pourtant... Comment nier que l'affaire Markovic ait radicalement modifié la nature des relations entre le Général et Pompidou ? Comment nier que le système de surveillance et d'écoute mis en place par François Mitterrand pour protéger sa fille Mazarine ait altéré notre système démocratique ? Or, au sujet de Mazarine, nous savions tout, ou presque, et nous avions choisi en conscience de n'en rien dire. Silence radio. Trahissions-nous notre mission ? Oui, sans doute, au nom des convenances et du confort.

Désormais, Nicolas Sarkozy est la transgression même : son attitude, ses comportements, nous interdisent de nous en tenir à ces règles dépassées. Elles sont désormais dépourvues de sens et d'intérêt. Nous y sommes. Où ? Dans une zone grise où privé et public ne se distinguent plus guère. Changement radical de vie, de comportement, d'éthique, d'époque.

Certains ne manqueront pas de souligner qu'il y a exagération et injustice à incriminer le président et lui seul. La remarque mérite d'être en partie retenue. Reconnaissons, à la décharge de Nicolas Sarkozy, que les douze années Chirac ne furent pas un modèle de sérénité, de clarté. Photos troublantes sur une plage de l'île Maurice. Billets d'avion réglés en cash. Appartement privé « prêté » par les Hariri, cette riche famille libanaise... Troublants, au moins troublants, ces jeux d'argent et de vilains, cette volonté affichée, déterminée, de ne rien dire, de ne rien entendre, de ne rien expliquer. Chirac, celui qui a tout oublié... Ce papy débonnaire à qui l'opinion voudrait pardonner, ne serait-ce que parce qu'une fois il s'est tenu droit, avec la France, face à la folie belliciste de George W. Bush. Gentillesse extrême des journalistes envers le vieux président Chirac enfermé et protégé dans sa bulle d'impunité. Aucun d'entre nous ne le poursuit, ne le questionne. Chirac, dernier représentant de la période d'avant la rupture sarkozienne. Il y a une éternité, déjà...

D'abord et avant tout, il faut compter avec le piège que nous a tendu Nicolas Sarkozy, cette complicité, cette intimité qu'il a minutieusement tissée entre lui et la plupart des journalistes politiques depuis vingt ans, depuis que, secrétaire d'État au Budget et porte-parole du gouvernement sous la cohabitation Mitterrand-Balladur entre 1993 et 1995, il décida de nous conquérir, de nous impliquer dans sa démarche, de nous intégrer à sa vie, de nous faire assister à tout, dans le moindre détail et de près. Sur le moment, nous n'avions pas pris la mesure du piège qu'il déclenchait. Nous étions sous le charme du partage et de la complicité qu'il nous imposait. Sans nous douter à quel point notre métier changeait, à quel point Nicolas Sarkozy, délibérément, allait bouleverser les règles et comportements qui, jusque-là, régissaient les relations professionnelles entre responsables politiques et journalistes.

D'abord, la complicité. Elle passe par le tutoiement, forcément par le tutoiement et, plus inattendu, par le toucher. Nicolas Sarkozy touche son interlocuteur, il le palpe, lui appuie sur les côtes, le prend par les épaules. Quand il vous parle, il ne fait pas semblant. Il vous attrape et vous caresse avec ses mots. Il vous brutalise, puis vous cajole ; c'est toujours physique. Le propos n'est pas en l'air – jamais –, ce n'est pas n'importe quel rhéteur. Le meilleur des avocats, genre camelot. Son verbe se fait toujours chair et ses traits soulignent la moindre émotion. Jusqu'à ses yeux qui ne vous laissent aucune échappatoire. Il vous happe, vous enserre dans ce qui n'est pas un dialogue, mais un monologue qui vous intègre ou risque de vous désintégrer, car il ne laisse pas respirer. Il entraîne. Étranges sensations, curieuses relations dont, longtemps, nous ne sommes pas parvenus à nous extirper, car il insiste, recommence, tutoie sans relâche, touche sans discontinuer. Est-il sincère ou se fabrique-t-il ainsi un style, un genre ? Interrogations dépourvues d'intérêt. Car ce type-là exige d'être pris en bloc. D'être aimé et combattu en bloc. Car rien ni personne ne parviendra à l'entraver, à entamer cette façon de faire, de vivre, et de lutter.

Ensuite, la détestation, la sienne, envers les journalistes. Aussi épisodique que violente et irrationnelle. Le complice soudain transformé en ennemi, irréductible, au besoin agoni d'injures, précisément parce que, hier encore, il était complice. Ce passage ultra-violent de l'amical au conflictuel, ce retour de bâton toujours inattendu pour le journaliste qui s'était laissé prendre au jeu, qui avait fini par sortir de son rôle, parce que, en réalité, chacun doit rester – toujours – à sa place. Voilà ce que Nicolas Sarkozy nous a enseigné.

Mais nous n'étions pas non plus des oies blanches qu'un méchant manipulateur aurait déniaisées. Ce que les journalistes cachent le plus souvent, nous l'avouons, nous le revendiquons ici : nous faisons un métier de cambrioleurs de sens et d'âme. Sans violence, sans haine et sans armes, sinon notre stylo. Nous nous voulons gentlemen cambrioleurs qui procédons avec délicatesse, civilité. Nous savons que les coupures de presse cicatrisent difficilement et que l'homme politique qui prétend avoir le cuir épais est en fait un hypersensible qui prend une égratignure pour une atteinte à sa dignité.

Avec malice, jubilation aussi, nous avons toujours cherché, nous cherchons encore à dérober de l'être, du projet et de l'information pour la partager. Ladite information ne s'offre jamais toute nue, elle est toujours cachée. La cambriole journalistique est donc une nécessité de salubrité démocratique. En même temps qu'un jeu dont chacun fait semblant d'ignorer les ambiguïtés, mais qui pourrait se résumer trivialement ainsi : qui possédera l'autre ? Nicolas Sarkozy est un maître toute catégorie dans cet exercice de double jeu. Car c'est bien de cela dont il s'agissait pour nous comme pour lui : nous n'étions que des pions à utiliser au mieux afin de mettre en scène sa légende, sa *success story*, et il ne négligeait ni son temps, ni ses efforts, ni son charme, enfin toutes les techniques du retournement, afin de nous attacher à sa cause. Mais nous n'étions pas en reste. Nous n'étions pas les ravis de la crèche de Neuilly !

Nous sommes aussi des agents doubles, car notre fonction s'y apparente. Il faut entrer en contact, en harmonie pour approcher la vérité d'un homme politique et ne pas se laisser balader. Nous avons donc recours nous aussi à la dissimulation ou à l'empathie. À charmeur,

charmeur et demi qui ne rechigne pas à prendre par les sentiments quand il le faut. On débusque l'info avec le sourire, sinon avec les dents. Au risque, évidemment, de se faire entortiller. Piéger. Rien n'est jamais innocent et certainement pas le *full-contact* journalistique, qui vous expose à la fascination, à l'attachement. Mais nous savons parfaitement que l'hygiène du détachement s'impose. Après l'opération charme vient l'impératif de distanciation critique. L'écriture traduction qui ne saurait être simplement reproduction. La « trahison » nous a parfois reproché vertement Nicolas Sarkozy, qui ne comprenait pas, qui ne voulait pas comprendre, qu'on n'épousât pas totalement son point de vue comme de vie. L'exercice a pu être douloureux pour lui, pour nous aussi d'ailleurs, car il aurait été souvent plus confortable de ne pas prendre de distance, de nous contenter de la fonction de miroir « non réfléchissant », mais glorifiant sa future majesté. Œuvre de miroiterie courtisane à laquelle se sont résolus longtemps nombre de médias, ce qui n'empêchait pas le candidat à la présidence de la République de crier à l'« hostilité médiatique généralisée ». Même en privé, il se plaignait constamment de tel ou tel prétendu mauvais traitement journalistique tout en se félicitant de voir son image, qu'il n'aime pas tout en ne pouvant s'en passer, partout reflétée. Il fallait que son astre brille sur les écrans télés, les couvertures des magazines, et même les égratigneurs que nous étions participions à ses yeux de sa gloire : « Qu'est-ce que vous écririez si je n'étais pas là », se moquait-il gentiment. Il est arrivé aussi que cela se passe beaucoup plus mal !

Nous avons pu être proches de Nicolas Sarkozy, mais sans jamais avoir été ses amis. Il ne l'a pas compris. Nous le racontons plus loin. Nos ruptures ont été politiques – la République, la question sociale, son obsession de l'argent, son autocratisme égotique –, mais elles ont également été psychologiques et affectives. Nos lecteurs trouveront des récits fidèles de ces éclats. Mais au moins n'avons-nous jamais été indifférents. Cette proximité nous a permis de pressentir avant beaucoup l'animal politique hors norme que le maire de Neuilly promettait de devenir, puis plus tard d'être les premiers à nous alarmer du « président bling-bling » qu'il ne pouvait s'empêcher d'être. Dans ce suivi au plus près comme dans l'anticipation, nous avons mis sans doute aucun de la passion. Toujours. Le journalisme neutre, faussement objectif, nous fait mourir. Ce n'est qu'un leurre pour masquer et préserver les intérêts de l'ordre établi. Il n'est de journalisme qu'engagé mais jusqu'à l'honnêteté ! Nous sommes de ce point de vue comme Nicolas Sarkozy : nous ne concevons pas notre activité (professionnelle) couchés.

Nous ne nous sommes jamais allongés, quelles que soient les intimidations, les menaces, les chantages affectifs ou autres. Ces agitations, on en trouvera quelques relations ici, nous ont toujours fait sourire. Sans pour autant nous donner envie d'en rajouter, et peut-être avons-nous là quelque autre différence avec « notre cher président ». Ce dernier a toujours eu le plus grand mal à retenir une attaque, une colère, une exécution sommaire du genre : « À *Marianne*, Domenach et Szafran me connaissent bien, mais ils sont contre moi parce qu'il veulent faire de l'argent. » L'argent, toujours et encore.

Nicolas Sarkozy ce jour-là, le 5 janvier 2011, recevait une poignée d'éditorialistes de la presse quotidienne régionale. Il dissertait élégamment des films qu'il regardait en DVD avec Carla, et « des 150 livres qu'il avait lus » lorsque, sans que personne ne lui demande rien, il s'est livré à cette charge « gratuite ». Il faut dire qu'il y a l'argent entre lui et nous. Le culte de l'argent. Il ne veut pas comprendre que nos critiques ne sont pas une rente de situation, mais des manifestations, une exigence d'esprits libres. C'est notre luxe, pas notre lucre démocratique. En Sarkozie, dans cet univers de courtisanerie confinée qu'il entretient, semblable parti pris de liberté peut passer pour odieuse et intolérable insolence. Nos écrits se vendent ? C'est que nos critiques portent et que nos récits touchent à quelque chose de juste de Sarkozy et du sarkozysme. Nous n'avons peur ni de ses forces ni de ses faiblesses ; les unes et les autres sont immenses !

Grâce à cet exercice inédit – relire et retranscrire des conversations d'autrefois, redécouvrir ce que nous avions écarté par pudeur ou erreur, raviver nos souvenirs aussi de ces moments que l'actualité avait sottement ignorés –, nous avons pu nous-même mieux saisir encore le personnage qui nous gouverne. Ses ressorts, ses failles, ses qualités de cœur et d'acteur, ses défauts de narcisse infantile, ses mensonges vrais ou faux. Ainsi comment ne pas vibrer au conte, sincère et fondateur, de ses malheureuses années de jeunesse mais que la chronique de sa mère « Dadue » dément radicalement ? Il est vrai qu'il n'est pas meilleur conteur de sa propre légende que lui-même. Nicolas Sarkozy ne veut laisser à personne d'autre le soin de dicter son histoire afin qu'elle épouse la grande. On en trouvera de nouveaux épisodes dont chacun pourra juger s'ils sont à sa gloire ou non. Ce n'était pas notre propos que de sculpter sa statue. Nous cherchons plutôt toujours sa vérité, en restituant des moments, des scènes baroques, tendres ou brutales, y compris avec Cécilia qui joua longtemps dans sa vie un rôle politique premier. Des scènes que nous avions parfois sciemment censurées, et que le délai de viduité historique nous permet aujourd'hui de rapporter. Nous ne sommes pas, nous n'avons jamais été pour la transparence totale et immédiate qui conduit au mensonge radical! Mais il y a un devoir d'écriture, de mise en perspective, qui permet, le moment venu, de raconter ce qu'on avait écarté par respect ou convention... et que Nicolas Sarkozy en personne n'a cessé de faire exploser. Le temps est donc venu de raconter. Il était une fois un jeune élu et deux journalistes qui se sont dit, « ce type-là »...

I
Le mystère Nicolas S.

La douleur de l'enfance

« Je n'ai pas aimé mon enfance, j'ai été trop humilié ! » Cette nuit-là Nicolas Sarkozy ne faisait pas le malin. Nous étions dans un avion, de retour des journées parlementaires de l'UMP. En cette nuit de septembre 2003, le ministre de l'Intérieur ne paradait pas, même s'il faisait toujours le spectacle. C'était plus fort que lui, il fallait qu'il (s')épate. Mais en mode « mineur » cette fois puisque l'on parlait de ses premières années, de cette période délicate où il apprit le ressentiment. Les « tendres années », comme on dit, l'avaient durci ! Il les avait en travers du cœur comme de la gorge, d'où, pour une fois, les mots ne coulaient pas de source, ni ne faisaient pirouette ou triple saut.

Face à lui, il n'y avait que Cécilia et l'un des auteurs. Et le fantôme malheureux du petit Nicolas. Ses phrases avaient du mal à sortir. « Je ne suis pas une personne qui tourne autour de sa nostalgie, se défendait-il, en tentant une échappatoire qui n'était pas pure coquetterie. La complaisance devant ses petits malheurs enfantins, ce n'est pas mon truc ! » Pas question, pour autant, de le lâcher :

« Même les grands hommes ont commencé petits ! Alors, c'était comment pour de vrai ?

— Ce n'était pas gai ! Je suis beaucoup plus heureux aujourd'hui. »

Il prenait son souffle, son élan. Il n'avait pas encore mouliné sa vie d'autrefois pour en faire le socle de sa légende. Pourtant, il était si grave dans sa narration qu'il était indispensable de noter à l'époque ses silences, ses pauses, ses respirations. Pour saisir la vérité d'un être ? Pour piéger un leader politique dans sa capacité à réinventer sa petite histoire afin d'en faire une grande ? Tout se jouait là, dans ce passé qu'il disait de souffrance. Il se le fabriquait ? En partie. Mais il était apparemment si sincère et touchant, cet homme qui était monté dans cet avion comme dans celui d'un manège forain, avait bouclé sa ceinture, pris la main (et le regard) de sa femme ; et concédait presque à regret, en tout cas sans complaisance : « Je me suis construit sur cette douleur ! » Un jour, il nous dégotera une citation de Barrès : « Jeune, infiniment sensible, et peut-être humilié, tu es prêt pour l'ambition. »

Peut-être aurait-il fallu briser là. Ne pas s'aventurer avec lui plus avant dans son jardin intime. Car on ne partage jamais impunément des secrets de fabrication ou d'enfance avec les puissants. Leurs révélations, par des filaments d'affect, vous attachent à eux peu ou prou. Mais comment les comprendre et les faire comprendre sans aller plus loin ? Quelle douleur avait donc pu subir cet enfant d'une maison solide de la cossue rue Fortuny dans le XVIIe arrondissement de Paris avant d'accéder au Neuilly du 9-2, ce qui n'était pas précisément la zone du 9-3 ? « J'avais la place du pauvre chez les riches », répondait-il sans trémolos. Il y avait eux et lui. Il n'était pas de la caste des nantis.

Aux fêtes d'école ou d'anniversaire, il était en bout de table, ce qu'il se jura de ne plus jamais revivre. Sa « douleur » vient d'abord de là : « J'ai toujours détesté la place d'invité. » Autrement dit, il n'était qu'un Petit Chose à Neuilly : « Nous n'étions pas de leur monde. » Plus tard il dira joliment : « J'étais un Français de sang mêlé. » Un « hors sang » ou « horsain » chez les riches qui se trouvait déplacé, mal à l'aise dans cette opulence naturelle aux héritiers mais cruelle à l'étranger. Une cruauté terriblement mal ressentie, car « ma mère n'a rien voulu voir ». L'amour maternel est aveugle, surtout lorsque l'enfant a trop mal à l'intérieur.

Le fils d'immigré hongrois un peu pataud et rondouillard, médiocre en classe, plutôt chahuteur, ne passait pas sous la toise des gens respectables qui se croient plus grands parce qu'ils ont des morts, des générations, et du bien sous les pieds. La famille Sarkozy de Nagy Bocsa, sans fortune, postillonnait une trop lointaine et incertaine particule pour être prise en considération. Ce garçon n'avait ni les blasons, ni les codes de savoir-vivre, ni le compte en banque qu'il faut. Ni les relations. Ni l'éducation.

Il ne bougeait pas comme les « bien élevés ». Il ne respirait pas comme eux. On voyait d'emblée qu'il ne les aimait pas, qu'il n'en était pas, qu'il ne les aimerait jamais, même s'il fera tout pour s'imposer à eux, pour qu'ils le saluent avec respect. Il ne sera jamais un bourgeois comme les autres, avec maison de campagne, photos ou portraits d'ancêtres aux murs, portique avec balançoire et trapèze dans le jardin, messe et gigot-haricots verts du dimanche, mondanités un peu vaines, qu'il fuit encore aujourd'hui.

Nicolas Sarkozy se sentait différent. Il travaillait parfois pour payer ses études ou ses habits qui ne venaient pas de chez ces bons faiseurs. Il était poli certes, quoiqu'un peu lascar à l'adolescence, mais il était gourmand trop évidemment, des filles comme des macarons ou des crêpes de sa maman. Il n'avait pas les bons gestes au tennis, ceux de l'élégance quasiment innée. D'ailleurs, il n'aimait pas les mêmes sports que ses prétendus camarades de classe et il ne chantait pas les mêmes chansons. Lui, c'était variétés françaises... et tour de France. Dans l'avion, il en vibrait encore : « Felice Gimondi... Eddy Merckx... Ça, c'étaient des champions ! Je suivais toutes les étapes de la Grande Boucle tout seul, enfin avec les Français, parce que tous ceux-là autour de moi qui snobaient le Tour, c'est qu'ils ne connaissaient rien au pays ! » À cette époque, il restait souvent seul, les week-ends notamment. Il regardait les feuilletons à la télé, « Ivanhoé », Thierry la Fronde ou Sports Dimanche. Un jour, il ferait de la télé ou du journalisme.

Il était invité aussi. Chez la famille Michelin par exemple, du sérieux, du français, de l'accueillant codifié. C'était pire pour lui qu'on lui fasse l'aumône de la compassion. Il fallait être « gentil » avec le petit... de divorcés. « Ça ne se faisait pas en ces temps-là d'être enfant de divorcés, racontait-il, c'était mal vu. Alors, certains compensaient dans la gentillesse sucrée. » Nicolas Sarkozy déteste qu'on le regarde de haut, en particulier quand on fait escabeau des bons sentiments.

Dans leur regard, il se sentait autre. Seul et abandonné. Sans protecteur. Sans père d'abord. Pas de mélo toutefois : il y eut le grand-père Mallah qui l'emmenait voir le défilé du 11 novembre juché sur ses épaules. Dans l'avion, il en parlait, encore et encore. De sa collection de timbres, des jus de fruit qu'il buvait avec lui, et qu'il boit encore. Mais « papy », ce n'était pas papa. Pour les autres, un héros épique que ce Magyar, qui avait fait de son passage clandestin en France une légende. On cancanait aussi, avec envie ou jalousie : c'était Gatsby le Magnifique qui aurait charmé un réverbère. Ce séducteur s'en allait rouler les « r » et les femmes au gré de ses désirs tziganes. Il dansait sa vie au rythme de ses envies insatiables. « Mais jamais il ne s'est occupé de nous quand on avait besoin de lui. » Constat triste sans appel. Et Sarkozy de préciser pour qu'il n'y ait aucun doute : « C'est notre mère qui s'est occupée de tout. La vie était dure pour elle, puisqu'elle a dû se sacrifier, se dévouer, retravailler, et elle a été dure avec la vie. » Pendant ce temps, Pal papillonnait dans la Ville lumière, laissant la couvée se débrouiller.

Évidemment, ça secouait dans la fratrie. On l'appelait « Nico la Colère ». « Il fallait bien que j'existe », répliquait-il. Guillaume, le frère aîné, quatre ans et vingt centimètres de plus, avait pris en charge l'autorité absente pendant que le petit François, « si mignon, si doué », selon sa chère mère, se faisait adorer. Ce qui ne laissait guère de place au rejeton du milieu. À moins de se battre. Il s'est battu. « Je me mettais vite en rogne, reconnaissait-il. Je me domine mieux désormais. Enfin, j'essaie »... Cécilia souriait, comme pour l'encourager dans cet effort tardif.

Nicolas Sarkozy ne niait pas qu'il avait pris des peignées du « Grand », plus costaud que lui. Mais il n'avait jamais renoncé, jamais eu peur. Il voulait « du respect ». Il s'était rebellé. Et même contre son père qui croyait être quitte de ses responsabilités en faisant trois sourires et un numéro de claquettes à leur mère, puis en les emmenant déjeuner le jeudi à la Pizza Wagram. Nicolas avait beaucoup trop faim d'affection pour se sentir rassasié. Besoin d'argent aussi. « Mon père ne nous filait pas un rond, se souvenait-il, encore rageur plus de vingt ans après. Ah, ça il m'a offert une montre une fois, une Santos Cartier, mais j'aurais préféré qu'il m'aide lorsque j'ai eu besoin d'un prêt pour Sciences Po ! »

La plaie se débridait, plus question de l'interrompre : « J'ai dû bosser pour payer mes études. Il n'était pas là. J'ai même dû une fois soutenir ma mère et aller lui tordre le bras pour le forcer à payer la pension qu'il ne versait pas. » Ses yeux étaient durs. L'ambiance tendue, irrespirable, car, dans l'espace confiné de la carlingue, il nous faisait passer toute sa douleur et sa rage qu'il tentait de dissiper en se moquant de... son géniteur affabulateur ! « Je doute fortement, narrait-il, que les Sarkozy soient issus de la haute. J'ai emmené mon père en Hongrie sur les lieux où vivait censément sa famille et je l'ai interrogé : "Il est où le château de ton enfance ?" Et il m'a répondu : "Il a brûlé" ! » La statue paternelle était à terre, en morceaux, mais Nicolas Sarkozy poursuivait dans la moquerie vengeresse : « Sur son certificat d'engagement dans la Légion étrangère, à la profession de la mère, il est inscrit : « "coiffeuse". "C'est une erreur, bien sûr", a affirmé mon père. » Il l'appelle encore mon père, mais il lui dénie l'autorité du verbe. Cet homme-là n'a pas de parole, Nicolas Sarkozy ne lui en reconnaissait plus ! Au mieux, Pal Sarkozy sera pour lui un artiste, un saltimbanque ; au pire un rigolo égocentrique qui aura manqué à tous ses devoirs. Un contre-modèle soixante-huitard !

N'hérite-t-on pas aussi des défauts de ses parents ? La perspective lui faisait horreur. Nicolas Sarkozy rêvait à haute voix de réussir une paternité qui soit à l'inverse du fiasco paternel, une paternité « paternante » en somme, qu'il évoquait d'abord d'une image : « Travailler avec mes enfants autour de moi, voilà ce que j'aime. » Après l'image, le projet de cœur : « Puisque mon père ne s'est jamais occupé de nous, j'essaie de donner à nos enfants tout ce qu'il ne nous a pas offert, être présent, attentif. » À cet instant, Cécilia, qui n'avait jusque-là rien dit, se crispa et lâcha ce commentaire tranchant : « *No comment.* » Elle tourna la tête vers son hublot et garda les yeux fixés vers le ciel où l'on ne distinguait plus une seule étoile. Rien que des nuages.

La version Maman

Le choc ! C'était Lui ! Non, c'était Elle ! Enfin, c'était Lui en Elle. Nicolas Sarkozy en femme. En version Maman plutôt. Dans la demi-pénombre de cet appartement de Neuilly que ce mois de novembre assombrissait, la ressemblance était saisissante. Nous la – les – revoyons comme si c'était hier. Cette petite taille, ces yeux qui tombent, ces sourcils en chapeau de gendarme, ce visage en lame de sabre. Elle est plus fluette, mais c'est un brin d'acier. Nous n'avons pas relevé à l'époque, et c'est un tort, la couleur de la moquette ou des papiers peints, sans doute marron glacé, ni la « déco » d'un bourgeois « cosy » plus que « tradi ». Mais nous avons remarqué cette troublante similitude de traits jusque dans la dureté, que « Dadue » concédait volontiers, sans que cela pourtant résonne comme un compliment : « Il est celui qui me ressemble le plus... » Mais elle n'est pas Lui, il n'est pas Elle, et nous comprenons seulement maintenant en lisant et relisant ces notes pourquoi, à cette époque, elle nous a reçus, si longuement : pour échapper à la légende de cette « saleté d'enfance du chef ». Pour rétablir sa vérité, son histoire. Pour qu'un jour, enfin, on entende la « version Maman ».

Andrée Mallah, dite « Dadue » parce qu'elle n'aimait pas son prénom, parlait spontanément, et abondamment, beaucoup des autres, les deux frères de Nicolas qui l'encadraient, le grand, l'aîné, Guillaume, « si responsable », et le petit François, « un amour, pas l'ombre d'un défaut ».

Attention, pas de préférence manifeste, ça ne se fait pas. « Je les aime tous autant », tenait-elle à préciser. Mais les mères ne peuvent pas, ne veulent pas tout dissimuler. « Dadue » évoquait d'abord son premier garçon puis le dernier qui a toujours été le premier pour elle. « François était bon en tout, joli comme tout » et « Guillaume m'a beaucoup soutenue quand son père est parti. Il était dur avec ses frères, mais très responsable. Il les houspillait comme les enfants de chœur dont il était le chef. C'est pour ça qu'il a fait patron », alors que « Nicolas était plus turbulent ». Mais d'emblée elle avait à cœur de préciser : « Nous nous entendions tous bien. Nous avons bien vécu ensemble. » Dadue faisait sa « com », elle aussi. Elle n'a pas couvé une nichée d'oisillons affamés et criards se disputant la becquée ! Tant pis pour l'épopée « nicolaienne ».

L'avocate, qui, avec une ténacité toute sarkozyste, a repris ses études sur le tard après l'envol du papillon marital, ne dérogera pas de sa plaidoirie « *pro domo* ». C'était la version bibliothèque rose de Neuilly, que Nicolas Sarkozy, on l'a vu, racontait volontiers en noir. Pas un instant elle ne le contredisait frontalement. Elle ne prétendait pas qu'il mentait. Mais par petites touches, elle enjolivait le tableau, rehaussait une couleur, rectifiait un éclairage. *In fine*, elle donnait à voir une réalité complètement différente de celle qu'a rapportée, colportée et totalement intégrée son célèbre fiston. « Nous n'avons pas du tout été malheureux », insistait-elle, en vous regardant droit dans les yeux. Comme son fils.

La maison de la rue Fortuny où habitait son père, l'urologue André Mallah? « C'était un petit coin de paradis avec plus de huit médecins dans la rue. Les enfants adoraient leur grand-père, ses histoires et ses bonbons. Ensuite, j'ai pu compter sur ma sœur pour m'aider. » Neuilly plus tard après le décès du grand-père bien-aimé? « Il nous fallait de l'espace, de la lumière, un appartement en étages après une maison, j'ai pu bien loger toute ma nichée. » Nous persistions pourtant dans nos questions directement inspirées du récit de Nicolas Sarkozy : le père volage, irresponsable, aux abonnés absents, qui se faisait tirer la manche et « tordre le bras », y compris par Nicolas, pour payer la pension alimentaire? « Mais il s'est toujours acquitté de ce qu'il devait. On s'est (elle insistait) TOUJOURS très bien entendus avec Pal. On est restés très proches, y compris avec ses nouveaux enfants. C'est un être si charmant. » Elle regretterait presque cette insouciance tzigane qui hérissait Nicolas. On croyait pourtant que la maisonnée manquait d'argent? « On n'a jamais manqué de rien. Mais il est vrai qu'il a fallu aller travailler pour en gagner. Je me levais à 5 heures pour partir au bureau à 7 heures. Les enfants dormaient. Ils auraient bien voulu me voir au lever. Mais on a toujours eu ce qu'il fallait. Le superflu ? Les garçons le gagnaient. On ne parlait pas d'argent à la maison. Jusqu'à ce que Nicolas, qui a songé un temps à devenir journaliste, dise qu'il voulait en gagner vraiment. » Ça, il le ressassera souvent ! Mais encore, l'absence de père ? Le « supplice de Pal » si tourbillonnant à l'extérieur, si absent à l'intérieur ? Pas démontée un instant, elle souriait, comme si elle était encore subjuguée, au moins amusée : « Il est exact que par moments, Pal a pu leur manquer. Mais il leur faisait des cadeaux merveilleux. Un jour, François a eu un sujet de rédaction : Racontez un conflit avec vos parents. Eh bien, il a fallu inventer. » Quelle force de voir et de faire voir la vie en positif. Elle aurait dû faire de la politique.

Nous revenions à la charge pourtant, avec la délicatesse qu'on doit réserver à une dame de soixante-quinze automnes, mais aussi avec l'insistance qu'exigeait un récit qui semblait revu et corrigé par Walt Disney : « Nicolas décrit pourtant une enfance beaucoup plus rude et conflictuelle... » Dadue ne se démontait pas. Elle jouait avec son petit chien à qui elle envoyait une « baballe » comme elle s'amusait avec ses réponses : « Chacun a son ressenti. Il voulait dire que cela ne lui plaisait pas d'être un enfant qui était empêché de faire tout ce qu'il voulait. Mais Guillaume n'était pas content que Nicolas raconte *Les Misérables*. On a quand même été très bien ensemble. Très heureux. Nicolas l'a dit lors de son discours pour mon dernier anniversaire : "Merci maman, grâce à toi, grâce à ce que tu nous as donné et enseigné, nous avons réussi, nous sommes devenus ce que nous sommes." » Et Pal ? « Ah ! justement, il était là ! Il a protesté. Il a dit "et moi ? Et moi ?..." Nicolas a répondu : "Attends que ce soit ton anniversaire !" » Pal Sarkozy attend toujours.

Nous relancions la balle : « Mais il n'y a pas eu de jalousies entre eux, pas de bagarres ? » Réplique immédiate : « Ah, non ! » Cet aplomb, ce culot dans le déni ! Décidément les chiens ne font pas des chats : « Ils s'adoraient. Il n'y avait pas de jalousie, mais de l'émulation ! Si Nicolas a fait tout ce qu'il a fait, c'est pour épater Guillaume. » Par égard pour Madame, on ne dira pas que c'est de la mauvaise foi, mais une foi de sainte mère. Épatés en même temps qu'agacés, nous tentions quand même un rappel : « Ils se sont sacrément chamaillés ! Nicolas, qui était petit en taille, avait du mal avec l'autoritarisme de son aîné, qui paraît-il se prenait pour Dieu le père absent. » Dadue restait impériale. Plus préoccupée par les jappements de son chien que par nos banderilles : « D'abord, Nicolas n'était pas petit ! Il était moyen. » Cela proféré sans ciller !

Elle nous achevait avec ce regard maternel qui rectifiait à la hausse son petit poucet, et sans objection possible : « Nicolas doit bien mesurer un mètre soixante-douze. » Et sans talonnettes ! Les estimations les plus favorables le hissent à 1,68 mètre. « Sans doute, concédait-elle, ses frères étaient plus grands, et son père également qui était très beau aussi. Mais qu'est-ce que Nicolas était vif ! » Nous poursuivions quand même pour tenter d'élargir, d'approfondir la faille : « Il était turbulent et pas facile tous les jours. » Elle s'attendrissait : « Ah ! il avait son caractère, à l'instar du petit Louis qui lui ressemble tant. Et c'était vrai que Guillaume pouvait, devait être dur.

Donc, il arrivait, parfois, des étincelles. Il faut dire qu'à une période de sa vie, Nicolas s'est beaucoup amusé. Comme un fou. Il était au lycée Chaptal, en fait il était lâché au parc Monceau, avec des voyous. Il a fallu le remettre dans le privé, le faire redoubler. Je reconnais qu'il a pu être infernal, puisqu'il ne s'est mis à travailler qu'en terminale. » Nous insistions lourdement : « Il n'a donc pas toujours été l'enfant modèle qui... » Dadue coupait : « On s'est toujours entendus de façon extraordinaire. Il s'est conduit à merveille avec moi, gentil, attentif, disponible ; il me proposait même de sortir le soir. Mais il fallait que jeunesse se passe. » Ah, le pouvoir d'oubli de la mère...

Nicolas avait, disons, cette « vitalité » qu'elle « n'a cessé d'admirer » et qui la fait sourire au rappel de cet épisode qu'elle a tenu à épingler dans l'album des hauts faits de l'enfant prodige : « J'ai dû téléphoner au cours privé pour m'assurer qu'on l'empêcherait de sortir manifester en mai 68 avec les gaullistes sur les Champs-Élysées. Il était bouillonnant. » Le chenapan avait treize printemps bourgeonnants. Et puis encore cette autre anecdote qui aujourd'hui prend une résonance singulière mais qui ne l'avait pas amusée du tout à l'époque : « Quand il a eu quatorze ans, il m'a annoncé qu'il partait en retraite avec "Biquette", un aumônier charmant, mais très chahuté. Je l'ai mis en garde : "Tu es sûr ? Tu n'es pas obligé !" Il est parti, mais le surlendemain, il m'a téléphoné : "Maman, je suis viré... Tous le sont !" Ça a été sa dernière retraite. » Dadue ne croyait pas si bien dire, puisque le dernier projet de retraite de Nicolas Sarkozy – au monastère de la

Pierre-qui-Vire – juste après son élection à la présidence de la République s'est terminé sur le *Paloma*, le yacht de son ami milliardaire Vincent Bolloré ! La mortification, l'élévation spirituelle, ça n'a jamais été son truc.

Il lui en a fait des surprises à sa maman, des savoureuses. À l'instar de ce jour où il lui annonça qu'il avait à son insu décroché l'examen d'avocat préparé et réussi, de justesse (10 sur 20). Un petit gars à grand cœur, elle tient à le rappeler, même s'il lui arrive d'enjoliver. « Je ne voulais pas qu'il fasse de la politique, mais plutôt qu'il exerce son métier d'abord. » Louable souci maternel qui se complique d'un refus de se rendre à l'hôtel de ville de Neuilly le soir même du scrutin où le conseil municipal doit voter pour la première fois en faveur de Nicolas Sarkozy maire : « J'avais peur qu'on dise du mal de lui et qu'on lui fasse mal. » Mais il a bien fallu lui « obéir ». Les dialogues sont rodés : « Il m'a répondu que je ne le reverrais plus jamais si je ne venais pas. J'y suis allée, ses frères et son père aussi. Ils étaient tous debout sur des chaises à crier : "Vive le maire ! Vive Sarkozy." Et le soir tout Neuilly est venu à l'appartement. Il y avait tellement de monde que l'ascenseur a pris feu. » Elle en est encore tout émue. Plus rien ne l'impressionnera, pas même la victoire à la présidentielle !

Dadue a paru réfléchir un instant, puis elle a ajouté, comme si elle faisait une découverte, alors qu'elle devait en jubiler depuis cette élection municipale : « Vous vous rendez compte : dix ans avant, il passait le bac et puis il est devenu maire. C'est quand même rapide, non, comme ascension ? » La question suivante s'imposait : « Mais il peut aller aussi vite plus haut ? Tout en haut, jusqu'à l'Élysée ? » Elle s'y attendait, évidemment : « Je suis prudente. On tombe vite en politique. On l'a vécu avec Balladur. Je ne me monte pas la tête, je sais que c'est fragile. Mais il a quelque chose de particulier dans les gènes... » Serait-ce donc lui, ministre de l'Intérieur, futur candidat à la présidence de la République qui a « le mieux réussi de ses fils » ? Réponse de maman Sarkozy : « Je ne dirai jamais ça. François a tous les dons ; Guillaume l'autorité généreuse. Nicolas, je pensais qu'il serait officier. Il jouait tout le temps avec ses soldats. Je me suis trompée. » Elle s'est levée, a appelé son chien pour le sortir et avec un sourire tout sarkozyste, mi-ironique, mi-tendre, a ajouté en désignant la boule de poils bondissante : « De toute façon, le préféré de tous mes enfants, c'est lui... » Alors, elle s'est redressée d'un coup, comme un ressort. Le préféré chez les Sarkozy ne saurait attendre.

Libre

Le pouvoir est au bout du stylo, non pas du fusil ! Il fallait le voir, « l'écrivain » Nicolas Sarkozy, recevoir en cette fin de janvier 2001 dans sa mairie de Neuilly alors qu'il sortait « son » livre avec un titre en forme de proclamation d'indépendance : *Libre*. Une sorte de cri primal de naissance ou de renaissance, infantile donc, mais vital, jubilatoire. Il s'était accouché d'une œuvre qui n'était pas mince à ses yeux : lui-même. Et par écrit, ce qui n'est pas donné à tout le monde. Mieux encore, dans cette république française des lettres, il se voyait déjà devenir président.
D'accord, « ce n'est pas du Céline » ! Il le reconnaissait lui-même. Mais en plaçant ainsi la barre littéraire très haut, il s'élevait du même coup. Son galop d'essai était quasiment de maître. Il filait d'ailleurs volontiers la métaphore hippique en expliquant au journaliste ce qu'était écrire : « Il faut retenir sa plume et lui donner de la liberté comme un cheval de concours ; surtout, ne pas

laisser le cheval aller tout droit. » Le métier d'écrivain est beaucoup moins stable que celui de jockey ! Enfin, notre cavalier était aussi fier de son parcours que le célèbre Yves Saint-Martin après avoir remporté le prix de l'Arc de Triomphe. Mais il précisait, faux modeste : « Je ressens de la fierté, mais du doute aussi. Il n'y a que Céline qui fut sûr de réussir un chef-d'œuvre. » Ce point-là est plus que controversé, mais notre spécialiste du *steeple-chase* sur papier n'allait pas se laisser arrêter par un banal obstacle de véracité historique. Il en profitait pour (re)citer son écrivain préféré : « Quand Céline arrive aux États-Unis, il décrit Detroit ainsi : "C'est une ville debout, chez nous elles sont toutes couchées." Tout est dit. Il n'y a rien à ajouter. » Allez, couchés tous les autres ! Sauf ceux qui ont du succès : les gros tirages, tels ceux de Marc Lévy, ont toujours pour Sarkozy ratifié le talent. Lui-même n'aura de cesse de vérifier la progression de ses ventes, son classement dans la liste des best-sellers : « numéro 1, sinon rien » ! Son coup de fil à l'éditeur, quotidien, commençait par cette question : « Ai-je dépassé Marc Lévy ? »

Nous avions beau nous en défendre, Nicolas Sarkozy auteur nous impressionnait. Quel animal politique ! Quelle capacité incomparable de rebond et de transformation ! Il nous répétait une de ses maximes préférées : « Je vous l'avais dit : il y en a qui vont attraper un torticolis à force de me voir rebondir. » Mais si vite, si haut ! Moins de deux ans auparavant, après que la roue de l'infortune des élections européennes lui était passée sur le corps, il était encore à terre, de la boue plein la bouche, fracassé intérieurement. Humilié. Même s'il tentait de sauver la face, même s'il ratiocinait des excuses absolutoires, même s'il repeignait en rose ses idées noires, le battu demeurait abattu. En 2001, son manuscrit en main, se dressait un autre homme. Transfiguré. Transcendé. Par la grâce des Écritures ?

Il discutait peu politique. Nous le chicanions bien sur sa droitisation qui nous semblait superfétatoire et contradictoire avec sa volonté d'accorder le droit de vote aux immigrés. Ça ne l'intéressait qu'à peine. De toute façon, sa religion était faite : c'est par la droite qu'il gagnerait plus tard. Il fallait qu'il soit « libéral modéré » pour l'emporter, mais « modéré n'était qu'une mondanité », soulignait-il. L'essentiel, c'étaient ces « 332 pages » sous couverture blanche avec ce gros mot en bleu, « Libre », qu'il caressait en propriétaire, en auteur. En bras de chemise comme s'il devait insister aussi sur le fait qu'il était du labeur. Il engouffrait des bûches dans le foyer de la cheminée et des chocolats dans son gosier. Il savourait son cigare comme ses bons mots.

L'ex-esclave s'ébrouait, libéré de ses chaînes. Heureux. Nous repensions à Dominique de Villepin qui nous faisait croire en 1995 que Jacques Chirac s'était « rassemblé et trouvé » en écrivant. De fait, c'était en signant ce que d'autres avaient écrit. Mais peu importe, le candidat à la présidentielle Chirac avait assumé et fait siens des ouvrages qui lui donnaient une densité inédite. Et voilà que Nicolas Sarkozy se disait également « apaisé » grâce à l'écriture qui transforme le plomb en or. « Je ne me disperse plus », se réjouissait-il… avant de s'exaspérer de la comparaison avec le président de la République !

«Chirac ne lit pas, donc il n'écrit pas.» Ne pas confondre. C'est comme pour la course à pied : il y a les joggeurs et il y a les marathoniens. Ce n'est pas parce qu'on trottine en flottant le dimanche qu'on signe une performance de coureur de fond. *Idem* pour l'écriture qui « exige du travail, donc de la souffrance ». Il nous parlait d'expérience vécue. D'écrivain à écrivains. Un livre était pour nous, et il le savait, un chemin de croix où la souffrance était indissociable de la jouissance. Un travail d'accouchement, oui ; il reprenait la comparaison. Il revendiquait cette douleur en partage et le côté plaisir aussi... pour mieux enfoncer les faux-monnayeurs de papiers imprimés, les Chirac et compagnie qui croyaient se grandir en montant sur les épaules de nègres. Nous, nous étions de la vraie aristocratie, de la chevalerie des Lettres !

Nous n'étions pas tout à fait seuls. Il y avait aussi quelques rares élus, et d'abord François Mitterrand. « Je l'ai lu... *La Paille et le grain*[1]. Il ne dissimulait pas ses sentiments. Il se mettait en danger. Ce que j'ai fait. » Un cousinage illustre ou plutôt une fraternité de plume qui accompagnait son envol. « J'ai mis moi aussi de l'affection et de l'authentique, s'admirait-il. Mais j'ai également pris garde à ne pas tout laisser aller. L'amertume par exemple. J'ai tout déchiré. » C'est en déchirant, en raturant, en supprimant, donc en se dépouillant, qu'on accède à soi, à sa vérité. Vieille règle d'or et d'airain de l'écrivain. Comment aurait-on pu le croire inculte,

---

1. François Mitterrand, *La Paille et le grain*, Flammarion, 1992.

l'imaginer complexé au point de vouloir toujours en rajouter dans la trivialité culturelle ? Cette fois, Sarkozy le lettré nous surprenait à revers, en prenant même le risque de la cuistrerie. Mais il avait ce culot-là aussi de charger plume en l'air, comme s'il avait voleté toute sa vie par écrit ! Son style pourtant n'était pas lumineux, mais il était clair. Il écrivait direct, comme on boxe. Et c'était déjà écrire. Un miracle, pour lui.

Il avait quand même tenu à rétablir quelques « vérités bien senties », du genre : « Je n'ai pas trahi Chirac, j'ai choisi Balladur parce que je pensais que c'était le meilleur choix pour la France. » Sans se faire trop d'illusions : « L'histoire est toujours écrite par les vainqueurs qui refilent le mauvais rôle aux vaincus. » Mais il ne voulait surtout pas donner l'impression d'avoir trempé sa plume dans le fiel. « Ça ne fait pas de bons livres. »

Il prétendait donc avoir tourné la page jaunie du passé en rédigeant ce qu'il appelait un « récit » pour bien le distinguer des essais classiques, puisqu'il mélangeait les anecdotes, les réflexions, le cheminement personnel et politique. « Personnel », il voulait que ce fût très « personnel », sans être, précisait-il, « ni indécent ni obscène ». Une preuve de maturité en somme, « une façon de montrer que j'étais devenu adulte », souriait-il, en soulignant que « cela n'avait pas toujours été le cas », même s'il avait gardé le silence pendant des mois et des mois, lui qui se retient si difficilement de parler, surtout de lui.

S'il avait pris le risque de l'écriture en solitaire, avec « la peur de ne pas avoir d'inspiration, avec ce trac qu'on ressent, comme quand on est dans la chambre d'appel avant une finale des Jeux olympiques », s'il s'était « livré orgueilleusement » avec ce livre, c'était parce que le moment était venu de « sortir de moi-même et de l'enfance politique ». La réflexion était à la fois politique et littéraire, en effet. « Le pouvoir, expliquait-il, tu l'obtiens si tu l'incarnes dans l'avenir. » Il lui avait fallu trouver les mots – « du travail, beaucoup de travail », insistait-il, les mots justes, les mots de la maturité. Seul l'écrit lui aurait permis plus qu'une convalescence, une croissance qui lui avait imposé ce titre, *Libre*, comme une évidence en même temps qu'une exigence. « Écrire, philosophait-il, c'est allumer la lumière quand les autres, les aveugles tournent dans le noir. » Il n'avait plus alors son mépris habituel pour « la cohorte des intellectuels fatigués de Saint-Germain-des-Prés ».

Nicolas Sarkozy était devenu un frère de sang d'encre !

Une histoire de cigares

Cornaqué par Édouard Balladur, personnage hédoniste et amateur de havanes, Nicolas Sarkozy a appris le cigare. Il en fume, et collectionne des humidificateurs en bois précieux, lourdement décorés, dessinés, sculptés. À ses visiteurs, jadis à la mairie de Neuilly, aujourd'hui au palais de l'Élysée, il exhibe volontiers ses fameuses boîtes en bois précieux, les touche, les ouvre, disserte sur leur provenance ou leur fabrication. « J'ai du goût, n'est-ce pas, et je suis fier de mes boîtes. » Mais voilà, quand il fume lui-même, quand il allume un havane, il n'en propose pas. Un tel geste ne lui vient pas à l'idée. Sarkozy goujat.

L'anecdote pourrait être sans signification. Mais elle traduit chez lui un désintérêt pour l'autre ; elle fournit une nouvelle preuve que seuls comptent son plaisir, sa satisfaction, son contentement. Sauf que... Sauf que l'art du cigare, pour les *aficionados*, exige l'inverse, c'est-à-dire le partage. Il y a peu – ou moins – de plaisir à fumer un cigare en solitaire. Cérémonie initiatique, collective souvent, entre amis et compagnons. Nicolas Sarkozy n'appartient pas et n'appartiendra jamais à ce club-là, avec ses rites de passage, de transmission. Tout cela lui est étranger. Il n'y trouve aucun plaisir. Alors pourquoi cette obstination à s'afficher grand fumeur parmi les fumeurs, en dehors des règles et des convenances ?

Émettons l'hypothèse que la relation de Nicolas Sarkozy au cigare soit avant tout sociale, de l'ordre de la convention et de l'ostentation. L'affichage de la réussite, Neuilly et les beaux quartiers. Le « barreau de chaise », dit-on. Un barreau d'échelle sociale plutôt, qu'il a gravi à Bercy : premières fumées d'ascension et de respectabilité comme ministre du Budget et non comme secrétaire d'Etat à la jeunesse, fonction qu'il redoutait. Il était satisfait de l'image « fumante » qu'il renvoyait et jubilait carrément lorsqu'avec l'autre Nicolas (Bazire), le directeur de cabinet du Premier ministre, ils enfumaient Matignon. Jacques Chirac les accusait de « chier le monde tous les matins dans leurs couches », en fait, ils l'allumaient et le fumaient. Chacun son cigare qu'ils tétaient à la barbare. Rien à voir avec les cigarettes de ce « pauvre Jacques » ! Et leur provocation alors allait jusqu'à... Cuba, aux cigares Montecristo et au Punch bien sûr : plein la bouche, plein la vue. Dans l'esprit du mentor Balladur, il en allait tout autrement. Il avait lui-même appris auprès de Georges Pompidou que le cigare ne pouvait se résumer à une pose, qu'il imposait la convivialité. Nicolas Sarkozy, lui, s'en moque éperdument. Cela n'est pas sans conséquence sur sa pratique de la politique.

Le premier cercle sarkozyste ne vit pas davantage dans le partage avec le chef. On le craint, on le redoute, on n'ose guère rompre son isolement – fumer un cigare avec des amis provoque forcément l'intimité. Les observateurs (et nous comme les autres) se sont longtemps égarés sur le caractère, sur le tempérament de Nicolas Sarkozy : nous moquions Valéry Giscard d'Estaing, François Mitterrand et même Jacques Chirac en raison de leur isolement chronique – cette malédiction liée à l'Élysée –, de ce penchant monarchique à rompre le lien avec autrui ; et nous nous enthousiasmions à l'évocation de ce jeune président capable, enfin, de taper dans le dos des citoyens, si proche d'eux, maltraitant (comme eux) le français et ses règles, incarnant cette pseudo-modernité de la (fausse) convivialité.

Nous nous étions trompés : Nicolas Sarkozy est un solitaire qui s'est fondu et perdu dans l'isolement de l'Élysée. Il n'en souffre pas ; il en jouit. Il ne partage rien. Pas même un cigare. L'égoïsme finit toujours par se payer. Surtout en politique.

Message personnel

Décès du père de l'un des auteurs. Parmi les responsables politiques de premier plan, il est le seul à appeler. Condoléances, mots de circonstance. Il est parfait. Remerciements. Un geste de grande tenue tant *Marianne* le cogne fort à la moindre occasion. Ses pairs n'ont pas eu son « élégance », croit-on juste de lui préciser.

« Tu le savais pas ! Dans le milieu de la politique, ce sont tous des ploucs sans aucune attention pour les autres. Ah, tu le savais pas... Mais je suis quasiment une exception »...

Les mots de trop. Dommage, parce que la bonne réaction, le comportement juste, le ton adéquat, tout cela, il l'avait trouvé d'instinct. Sarkozy ou l'homme qui ne sait pas s'arrêter.

La leçon de courage

« Le courage, c'est juste un manque d'imagination. » Nicolas Sarkozy n'est pas mécontent de sa citation de Céline. Il est rarement mécontent de lui, on le sait. Mais il est particulièrement fiérot quand il peut placer une citation. Lui que les intellectuels et les journalistes prennent pour un inculte, un butor, adore mentionner son amour pour *Voyage au bout de la nuit* ou *Belle du seigneur* d'Albert Cohen. Mais ce jour-là, avec sa citation sur le courage, il ne s'agit pas exclusivement d'un pied de nez malicieux ou d'une cuistrerie gratuite. Nicolas Sarkozy ministre de l'Intérieur parle d'un sujet qui lui tient à cœur : la peur. Et il enchaîne pour cultiver le paradoxe : « Parfois, la bravoure, c'est de savoir fuir. » Il sourit, mais avec gravité, comme s'il voulait souligner davantage encore la solennité du moment et du propos. Sa leçon de courage.

Nous n'étions pourtant pas venus place Beauvau en ce frisquet mois de décembre 2003 pour l'entendre disserter sur les paradoxes de cette vertu « si peu partagée en politique », insista-t-il encore comme s'il en était besoin. C'était un rendez-vous coin de cheminée, une démonstration de « force tranquille » de Nicolas Sarkozy pour nous seuls, à répercuter ensuite à la France entière. « Je m'installe comme ministre de l'Intérieur et au-delà dans le regard des Français. » Nous n'allions certainement pas le démentir puisque les sondages qu'il décortiquait venaient à l'appui de sa sublime sérénité.

En confiance, il balançait toujours plus sur « le vide Raffarin », Premier ministre de l'époque, sur le président Chirac dont il s'efforçait de dire du bien pour se mettre lui-même en valeur : « Un vrai professionnel que je n'ai jamais insulté, et qui l'a reconnu. Car il me l'a dit dans les yeux : "Désormais tu ne seras le collaborateur de personne, pas même le mien." » Et puis ce refrain que nous avions, avec les années, fini par connaître par cœur : « Je ne vais pas m'excuser d'être ce que je suis. » Mais qui l'a donc jamais forcé ainsi à s'agenouiller et à demander pardon pour qu'il fasse son *leitmotiv*, son viatique de cette sempiternelle protestation : « J'ai la nuque droite » ou variante : « Le genou raide. » L'essentiel, ce soir-là, ne fut pas cette raideur revendiquée. Il n'avait plus besoin de faire le faraud avec nous, nous avions déjà été suffisamment bluffés par ses capacités de rebond, de retour des enfers, vivant, de santé insolente. Comme Chirac ! Encore que s'il ne cessa jamais de vouloir nous épater, nous et les autres journalistes, c'est qu'il avait un problème avec son image et ceux, c'est-à-dire nous, qui étaient chargés de l'enluminer. Mais l'important, cette fois, ce furent ses confidences sur la peur, qui, d'un premier abord, ne paraissaient pas faites pour subjuguer seulement la galerie.

Cette fois, c'est nous qui l'avions lancé sur le plan « perso ». Sans doute les déontologues patentés n'auraient-ils pas apprécié que nous évoquions le sort d'un de nos fils, Hugo en l'occurrence, devant un ministre de la République. Mais Nicolas Sarkozy était le responsable de l'ordre tout de même et l'« ado » venait de se faire « exploser » dans le métro pour avoir refusé de refiler son blouson à trois racketteurs. Des bleus au corps et à l'âme – personne n'avait bougé –, une cheville dans le plâtre, des agresseurs envolés. Mais « que fait la police », monsieur le ministre de l'Intérieur ? Hugo avait résisté, et de ce fait, il avait frôlé le massacre. Aussi la réplique sarkozyste nous a-t-elle désarçonnés davantage encore : « Il était seul contre trois ? C'était inutile de résister. Le courage, c'est aussi de réfléchir, de mesurer le rapport de force. Il en aura besoin toute sa vie. » Mais qu'est-ce qu'il nous chantait là, ce cogneur ? Nous qui l'avions toujours connu prêt pour la bagarre, bouillonnant, débordant de testostérone, allant chercher le full-contact, palpitant à l'odeur de la poudre, assumant, cherchant le conflit à la moindre provocation. Car une de ses principales armes était sa virilité exacerbée.

Nous nous en souvenions encore, il était ministre du Budget en déplacement provincial. Ce devait être du côté de Clermont-Ferrand où l'on ne plaisante pas avec les luttes sociales. Une centaine de manifestants à poils noirs dressés et slogans hérissés d'hostilité le défiaient. Ils criaient : « Sarko, salaud ! » Ils avaient l'air vraiment agressifs et désireux d'en découdre. Le préfet de région tentait de nous éloigner de la confrontation. Sarkozy nous a regardés, pas mécontent, ainsi que ses gardes du corps, genre « ils vont voir ce qu'ils vont voir » : « Allez, on y va... » On y est allé. Droit au but. Vers le plus mastard, celui qui paraissait faire fonction de chef et qu'il a attrapé par le bras en serrant fort : « On ne dit pas Sarko, on dit monsieur Sarkozy. » Il avait gagné. Il prenait les plus braillards pleine face, les touchait, les palpait, mettait en scène ses désaccords dans une certaine, osons le mot, fraternité. « C'est pour vous que je me bats. Moi, je pourrais rester tranquillement à faire de l'argent comme avocat. » Il a fallu l'arracher. Il serait resté des heures à palper et malaxer de l'ouvrier, tant il aimait ce combat au corps à cœur, d'où il repartait avec la certitude d'être des leurs, ou tout au moins d'être le dirigeant politique qui leur était le moins étranger.

Quand nous sommes rentrés, il a faraudé, bien sûr : « Tu vois, il ne faut jamais baisser les yeux. Sinon, ils sentent que tu as peur. » Un loup devant des chiens. Cela faisait partie de son éthique combattante : « Ne pas reculer. Rendre coup pour coup. » Et la chanson de Johnny Hallyday qu'il connaissait par cœur semblait faite pour lui : « Si vous aimez la bagarre »... Il l'adorait !

Au ministère de l'Intérieur, il se remémorait encore avec quelque volupté ses « chiffonneries » passées. « Je pouvais me battre pour un regard de travers. Je partais au quart de tour. Je ne me laissais pas marcher sur les pieds. » Et cette anecdote à graver dans le marbre pour sa légende : « Lors d'une assemblée générale à la fac de Nanterre en 1976, je n'ai pas pu me retenir d'intervenir et de leur dire : "Je suis UDR, gaulliste, et fier de l'être. Et j'emmerde..." Sans que je puisse poursuivre, les coups me sont tombés dessus en avalanche. » Lui auraient-ils donc fait rentrer du plomb dans la tête ? Il porte cette dérouillée comme une décoration. Mais il ne le ferait plus, nous expliquait-il ce soir-là. « J'ai compris, assurait-il, que le courage c'est la maîtrise de soi. » Le feu flambait d'enfer dans la cheminée où il ne manquait pas de rajouter des bûches pour entendre le bois crépiter, mais ses paroles se voulaient apaisées. Un homme d'État parlant à des représentants de la presse qui l'ont vu petit et doivent constater qu'il a grandi. Et le grandir encore davantage en trompetant ce constat. Alors, la question évidente : d'où lui serait venue cette grande sagesse ? Comment se serait instillée ou brutalement installée cette maturité si contraire à sa juvénile ardeur dont il s'était fait une image conquérante ? Nicolas Sarkozy a pris du temps pour réfléchir. Oh, pas longtemps. Quelques secondes. Pour lui, une éternité.

Sa réponse tenait en un mot, ou plutôt deux initiales : H.B. Human Bomb, le preneur d'otages en 1993 de la maternelle de Neuilly dont il était le maire. Non pas une expérience parmi d'autres, mais l'Expérience fondatrice. « J'ai beaucoup changé dans cette affaire. Jamais je n'ai fait le fier ni le malin. J'ai eu peur. » Plusieurs fois, pour sortir des enfants, il est rentré dans la classe seul afin de négocier avec le desperado vêtu de noir, armé et ceint d'explosifs. Il n'a rien montré. Et pourtant... « Neuf fois, poursuit-il – les journaux ont dit 8, mais peu importe –, je m'y suis rendu et à chaque fois j'ai ressenti la peur qu'il faut savoir dominer. » La 9e comme la 8e ? « La peur toujours. Il faut l'affronter en face. Je devais le faire. Point. Le courage, c'est une question de circonstances. Il n'y a pas d'un côté les lâches, de l'autre les hommes de caractère. » Et la médaille que lui a offerte le RAID trône là à côté de lui, comme pour ratifier cette maîtrise spirituelle conquise dans l'adversité. « Il n'y a pas de courage sans peur. Le fou serait celui qui l'ignore. » Quelle leçon de maturité. Il n'y a pas mieux dans *Karaté Kid* !

Nicolas-San aurait-il découvert les vertus de la modération, de la domination de ses pulsions ? Quelques secondes plus tard, il partait pourtant dans des considérations peu amènes sur le défaut d'attributs masculins chez tel ou tel de ses rivaux, à commencer par Alain Juppé. Pourtant, il y avait un tel mélange de bonne volonté et de sincérité dans ses apaisantes considérations du soir qu'elles ne pouvaient être gratuites. On aurait dit que le show-bouillant Sarkozy avait pris des résolutions et, d'abord, de ne plus se laisser entraîner par le sale garnement, le macho de cour de récréation qu'il était. « Calme-toi donc », lui disait Cécilia.

Il faisait des efforts. Il s'appliquait. Il tentait l'apprentissage du courage qui consiste à ne pas surréagir à toutes les provocations et, surtout, à dompter ses pulsions, dont la peur. Mais nous ne pouvions pas nous empêcher de le regarder par en dessous, comme si nous voulions voir derrière les mots et soulever la paupière de l'animal : le monstre en lui ne nous a jamais semblé endormi que d'un œil. Les réveils sont parfois douloureux.

À preuve, quelques années plus tard, le fameux « Descends ici, si tu es un homme », lancé à un pêcheur en colère du Guilvinec. Et puis encore le « Casse-toi pauvre con » balancé à un malotru qui refusait de lui serrer la main au salon de l'agriculture. À chaque fois, le président se dressait sur la pointe de ses ergots, donnant des coups de mots comme de griffes. Sarkozy ne maîtrise pas toujours Nicolas. Loin s'en faut.

Et si c'était l'Occupation?...

« Imaginons un instant, ce qu'à Dieu ne plaise, que nous soyons sous l'Occupation. Vous êtes poursuivis par des Allemands, chez qui iriez-vous vous réfugier ? Chez Édouard Balladur ? ou chez Jacques Chirac ? »

Posée par l'un de nous deux, la question paraissait incongrue à ce dîner de lancement de notre premier ouvrage, consacré justement au duel à mort qu'avaient engagé ces deux (ex-)« amis de trente ans ». Nous étions plus d'une vingtaine de convives bruyants rassemblés en cette soirée de janvier par Olivier Orban, le président des éditions Plon, dans le restaurant « Chez Edgar », à l'époque « la » table politique de la rive droite. Députés et sénateurs ne cessaient de pousser la porte du petit salon de velours rouge, à l'étage, afin de s'enquérir de ce qui provoquait un tel charivari dans un lieu réputé propice aux conciliabules.

C'était là, « Chez Edgar », que les « Rénovateurs de la droite » avaient pris leur envol avant de se « crasher » ; que

Jean-François Copé s'était aiguisé les dents. Nicolas Sarkozy prenait soin de venir y découvrir les siennes, intactes, après qu'il eut été banni du pouvoir par la Chiraquie triomphante. Chaque leader, en grâce ou disgrâce, devait s'y afficher et y manger d'abondance pour montrer qu'il n'avait rien perdu ni de son appétit ni de son coup de fourchette – y compris dans le dos. Par goût comme par devoir journalistique nous avions fait ami-ami avec le propriétaire, l'exquis Paul Benmussa, qui en avait beaucoup vu, lors de ses tours de table, mais n'en revenait pas de cette interrogation malséante, lancée en cette fin de repas très arrosée : « Mais répondez donc, chez qui iriez-vous demander asile, si vous étiez recherchés par la Gestapo ? »

La question – répétée ! – semblait d'autant plus déplacée qu'Édouard Balladur, pardon monsieur Édouard Balladur, se baladait en « dindonnant » sur les sommets de toutes les cotes de popularité. L'institut le plus prestigieux, la SOFRES, le donnait élu avant même l'élection présidentielle de 1995 avec l'aide du plus vénérable quotidien français, *Le Monde* ! Comme un chat castré et bien nourri, la France repue ronronnait d'aise sur les genoux de ce Premier ministre si confortable avec ses costumes anglais, ses rondeurs prometteuses et son jabot fait pour stocker les noisettes de l'Écureuil. « Doudou » avait des airs de plan d'épargne garanti et la province modérée plus encore que Paris semblait ravie à l'idée de se donner à Sa Sérénité, fût-elle légèrement suffisante. Alors que Jacques Chirac...

Le maire de Paris et député de la Corrèze passait pour le looser, le benêt avec de la paille dans les sabots et du persil derrière les oreilles. Une tête de veau ! Un « archéo » ! Il ne paraissait avoir aucune chance, surtout auprès du public de notre soirée très enlevée, des éditeurs, le nôtre notamment, Anthony Rowley, des libraires, des « forces de vente », des journalistes aigus et littéraires, tel Stéphane Denis. Un petit monde très majoritairement rive gauche, mais passé rive droite en ce soir d'agapes, et qui dans des enquêtes d'opinion se serait sûrement aussi très massivement prononcé pour sir Édouard ! Or c'est « Chirac... » « Chirac... » « Chirac... » qui sortait du chapeau ! De tous les chapeaux ! Un triomphe sans partage pour « le perdant » !

Chacun des invités à tour de rôle répétait le même choix avec les mêmes arguments ou presque : « J'irais me cacher chez Chirac... J'ai plus confiance... Il est plus sympa... Balladur, ce serait, comment dire, plus compliqué. Il réfléchirait, il tarderait à répondre... Chirac il est franc du collier, même s'il peut se révéler mariole... Chirac, ce serait à la bonne franquette. On boirait le coup de rouge. On mangerait des cochonnailles... Balladur, il nous ferait recevoir par un laquais en livrée. Il nous ferait attendre... Chirac on le connaît, c'est un bon zig, tandis que Balladur, c'est un zag (!) » Nous nous regardions, interloqués. Jamais nous n'aurions imaginé ce verdict, implacable : 22 Chirac, 0 Balladur. Personne, sous l'Occupation, ne serait allé chercher refuge, assistance et secours chez le Premier ministre de la France qui aspirait à devenir le président de tous les Français ! Une condamnation sans appel ?

Nous étions secoués, traumatisés – ne fallait-il pas tout reconsidérer, et d'abord les chances de Chirac partout enterré ? – mais en même temps nous étions pris dans la machine à laver des enquêtes d'opinion et des commentaires « balladurisés ». En dépit de tous les pas de côté, on échappe difficilement à la pression de tous les sachants, de tous les intelligents, qui font miroirs éblouissants de leurs certitudes. Que pesait cette enquête sauvage, cruelle, inédite et radicalement étrangère à tous les questionnements sondagiers habituels, face à l'ensemble des simulations de vote en faveur de Balladur et face au martèlement de la pensée unique, de la raison raisonnante ? Nous avions l'impression de lever le doigt pour dire : « Hep, Messieurs et si... » pour nous faire rabrouer et taper dessus immédiatement puis renvoyer au coin de notre ignorance. Il est dur parfois de penser contre le vent dominant.

L'essayiste Alain Minc et ses épigones pouvaient sourire face à ces libations d'un soir. « L'irrationnel, ricanaient-ils, ne pourra l'emporter sur l'implacable logique de la modernisation mondialisée. » Seul Dominique de Villepin, à son meilleur alors dans l'emploi de rebelle chez Chirac abandonné, seul donc ce gaillard enfiévré faisait des cabrioles ! Certes, il bondissait souvent, ce marsupilami de Bergerac. Cyrano-Villepin, féru de ses classiques, répétait que « la solitude était la promesse du succès, que de Gaulle avait reconquis la France avec les pêcheurs de l'île de Sein ». Devant notre « sondage » qu'il recevait comme si nous lui apportions le saint Graal, il ajoutait : « Nous allons gagner car nous avons réactivé le clivage fondamental entre la France de la Résistance et celle de la Collaboration. Balladur et Sarkozy, ce sont des collabos, des nantis qui se couchent devant l'argent pour pré-

server leurs acquis, qui vendraient père et mère et même la nation ! Alors que nous sommes la Résistance. Chirac a derrière lui l'armée des ombres qui va se lever. » Diantre !
Nous étions impressionnés. Touchés aussi : nos pères nous avaient biberonnés la Résistance. Pour nous bercer, ils chantaient le *Chant des partisans*. La mère d'un des auteurs racontait son attaque du train allemand, à main nue, car les maquisards refusaient que les femmes portent des armes. Ou encore la perquisition de la Gestapo chez son père qui les retenait pendant qu'elle déchirait les fausses cartes d'identité dans les toilettes. Au milieu de la bibliothèque familiale trônait le brassard FFI du paternel, avec la croix de Lorraine, que nous honorions comme une sainte relique. Se pourrait-il vraiment que d'autres aient envie de l'exhumer ? de le porter... pour Chirac ?

En cet hiver 1994, l'armée des ombres semblait singulièrement engourdie, ensommeillée, trop gavée pour se bouger. Elle dormait sur ses rêves de grandeur évanouie. C'est le « bien-être » que réclamait la France. Le « progrès ». « L'Europe ». « L'ouverture au monde »... Nicolas Sarkozy, ministre du Budget et porte-parole du gouvernement Balladur n'en doutait alors pas un instant : « 39-40, l'Occupation... Pfff... Le pays en a fini avec ces vieilleries. Il a bougé. Nous sommes la génération qui n'a pas connu la guerre, qui veut tourner la page et inventer un monde nouveau. La France a changé. » Il ne disputait pas les morceaux de la vraie croix de Lorraine ; il en faisait quasiment du petit bois. Enfant « imprudent et arrogant », il le confessera lui-même, qui sera renvoyé au coin de ses études et de ses réflexions par la sanction du vote populaire en faveur de Chirac. Il en tirera d'abord cette leçon : « La France avait bel et bien changé, mais nous, alors, nous n'avions pas assez changé. »

Il changera encore bien davantage quand il se présentera sous ses propres couleurs fortement « tricolorisées » par Henri Guaino, le Monsieur Ripolin souverainiste de service. Il arrosera de larmes la lettre de Guy Môquet, ce jeune communiste fusillé par les Allemands. Il plantera sa tente sur le plateau des Glières avec salut rituel au drapeau et aux maquisards décimés par la Gestapo. Il ne laissera personne lui voler la Résistance. Le vainqueur est celui qui parvient à s'inscrire, en lettres de feu, dans la mythologie nationale.

Un juif pas très catholique

La vérité est écrite dans le ciel ! C'était à bord d'un avion encore, de retour d'un meeting toujours, dans un de ces habitacles exigus où il est plus difficile qu'ailleurs d'échapper aux questions et à soi-même. Détendu, satisfait de son numéro du jour et des sourires de l'hôtesse, Nicolas Sarkozy ne pouvait pas fuir cette interrogation lourde : « Tu te sens juif ? » Sa réponse fusait : « Mon grand-père était juif. Dans la famille, ils n'aiment pas qu'on en parle. Et pourtant, c'est une partie de mon héritage. » Il la revendiquait donc cette part de lui-même, tout en étant à l'époque « catholique, guère pratiquant », précisait-il. Drôle de juif, tout de même...

Quand nous lui demandions s'il savait précisément quel chemin avaient parcouru les ancêtres de son « Papy Mallah », quelles épreuves ils avaient subies, nous n'obtenions pas de réponse. Pourtant, nous avions fait quelques recherches, et nous le relancions : « Tes ancêtres, ce sont des marranes, des juifs qui ont fait semblant de se convertir en Espagne pour avoir la vie sauve, puis qui sont partis pour Salonique, avant de venir en France. » Il paraissait n'en rien savoir, ni même s'y intéresser outre mesure. À côté de lui, sa femme Cécilia avait haussé les yeux et les sourcils d'incompréhension : son père à elle était juif d'origine russe et le parcours tumultueux des siens la passionnait. Étrange rapport, proche et distancié à la fois qu'entretient avec son histoire ce « Français de sang mêlé », selon l'expression si touchante et si juste qu'il emploiera en campagne électorale comme argument, comme revendication. Mais que voulait-il donc dire par là ?

Au fond, il voulait dire qu'il était d'abord un « métèque ».

Il est vrai « qu'il n'avait aucun humour juif », comme l'en plaisantait son ami Alain Minc, qui le trouvait « juif à moitié », alors que lui l'était en entier. Il n'avait la blague et la pique que politique, mais aucune, vraiment aucune, culture hébraïque, ni aucune obsession de la Shoah. L'ancien présidentiable François Léotard, qui, lui, en était hanté, le regardait avec ses yeux douloureux et interrogatifs : « Mais comment ne partage-t-il pas cette douleur spécifique et universelle, alors qu'il est si juif ? » Sarkozy n'était certes pas indifférent à cette tragédie unique, mais elle ne l'habitait pas. Il n'en parlait pas. Il n'aurait jamais pensé que ses enfants et les enfants de ses enfants puissent un jour de nouveau risquer d'être menacés de cette abomination. Il était donc un juif... si peu juif ! « Mon grand père, racontait-il, s'est converti pour l'amour de ma grand-mère et je n'ai découvert que très tardivement qu'il avait été juif. Nous n'en parlions jamais à la maison. »

La question juive n'était pas au menu chez les Sarkozy. Elle n'existait pas. « Et pourtant, poursuivait encore Léotard qui fut son compagnon de combat rapproché en faveur d'Édouard Balladur, je le ressens juif. Il a cette force en lui, cette inventivité, ce don de soi, cette brutalité aussi que rien ne saurait arrêter. Il me fait penser à l'armée israélienne. » « Léo » admirait alors cette trempe dont il était dépourvu et qui lui faisait croire que son frère d'armes irait jusqu'au bout, contrairement à lui qui renoncerait à la politique et s'évaderait vers la littérature. « Qu'est-ce qui fait courir David ? La même chose que Nicolas. Un refus de l'exclusion en raison de sa différence. Une volonté de s'imposer envers et contre toutes les discriminations. » Mais c'est là plutôt le réflexe de l'immigré en général, non ? Retour de la question à l'intéressé, qui confirmait : « Je reste un immigré dans ma tête. Je dois toujours disputer ma place et la justifier. Ce qui fait par exemple que je ressens toujours en moi une forme d'inquiétude qui me pousse à travailler plus que les autres. » Et une solidarité aussi pour toutes les victimes de persécution, les juifs d'abord. « Je me suis toujours senti minoritaire, soulignait-il. Peut-être à cause de mon nom. »

Ce n'est pas la religion qui a constitué sa distinction, mais son origine « bâtarde » qui l'a rapproché des autres minorités. « J'aime leurs sentiments exacerbés », s'exalte-t-il, les yeux brillants. Démonstration au sein de la communauté juive, importante à Neuilly : il était chez lui, le plus grand ami des juifs parmi les juifs. Encore que chez les catholiques, ce fût pareil.

À la synagogue, d'ailleurs, on chuchotait : « Il est des nôtres. » Pourtant, chacun savait peu ou pas qu'il n'était pas juif au regard de la Loi talmudique, puisque sa mère ne l'était pas. Il n'était pas de ces rites, ni de ces rires donc. Ce garçon, à défaut de papa présent, a eu des pères catholiques comme repères éducatifs au cours Saint-Louis-de-Monceau. Et sa mère pour le rappeler à ses devoirs moraux comme à ses cours de catéchisme. C'est elle qui lui a tout transmis de la religion, comme dans la tradition juive ; mais « Dadue » n'en a jamais tenu que pour la liturgie et la culture chrétiennes. Il était de la chorale, même s'il y a beaucoup chahuté, et il s'est marié à l'église avec une première femme très fervente, même s'il a divorcé ensuite. Alors, certes, il préférait aller faire du vélo au bois de Vincennes pendant que son ami Brice Hortefeux allait à la messe, mais au fil des ans, et en particulier des enterrements, il se rapprochait toujours plus du mystère existentiel, de Dieu, mais pas spécifiquement celui des Juifs. Il fallait qu'une puissance divine existât pour le rassurer, et des curés, des imams et des rabbins, « plus encore que des instituteurs », souligna-t-il, pour assurer l'ordre spirituel et temporel, ce qui revenait à s'égarer gravement en pays de République et de laïcité. Mais ce n'était pas la judaïté qui inspirait celui qui croyait en la politique plus qu'au ciel et communiait dans les meetings plus encore qu'à la messe, même si alors il tirait la langue pour recueillir l'hostie avec les yeux fermés. Pourtant c'est Georges Mandel « le Juif » qu'il a choisi pour écrire une biographie[1].

---

1. *Georges Mandel, Le Moine de la politique*, Grasset, 1994.

Mandel son modèle, ou plutôt son antimodèle, car cet homme qu'il admirait profondément pour sa passion et son art de la politique est passé à côté de son destin, en laissant Charles de Gaulle partir pour Londres à sa place, parce qu'il pensait ne pas pouvoir incarner et rassembler la France depuis l'étranger en raison de sa judaïté. « Mandel ne se sentira juif qu'au travers du regard des autres, écrira Nicolas Sarkozy. (...) Comme Blum, comme Mendès, il portera toujours l'étoile jaune. » L'antisémitisme à la française faisait des ravages. La presse d'extrême droite s'était tellement déchaînée contre ce personnage « hideux : malheur aux femmes enceintes qui le regardent ». Et son biographe de relever, comme un défi : « Il effleura l'Histoire, il aurait pu la faire. » Cette phrase-là, il l'a écrite, revendiquée comme s'il scellait sa propre histoire. Elle était une promesse d'assumer son passé, tout son passé, le juif dans sa fierté, même s'il en ignorait toute la densité comme les plus infimes subtilités. Mais il prenait tout, en bloc. Sans faire de détail. « Je ne me prive pas de les provoquer en rappelant à tous ceux que ça gêne d'où je viens par ma famille. » Il se sentait alors juif, et plus fort de l'être, dans les yeux des antisémites un défi de plus.

En juin 2008, lorsqu'il se rendra en Israël, Nicolas Sarkozy sera accueilli avec plus d'égard et plus de chaleur qu'aucun autre président de la République française. Il est vrai que ce chef de l'État s'est affirmé comme le plus pro-israélien de tous. « Mais je suis catholique, je ne suis pas juif du tout », a-t-il tenu, à deux reprises, à souligner, comme s'il l'était en fait... plus que tous. Car ce n'est pas son ascendance qui expliquerait son engagement. « Mon amitié pour Israël, précisera-t-il, ne vient pas de là. Je vois simplement que l'Europe a été le théâtre d'une barbarie sans pareil, l'extermination des Juifs. Depuis cet événement, nous sommes coresponsables de l'existence de l'État d'Israël. » Et de conclure : « Que mon grand-père ait été juif ou pas n'a rien à voir avec cette conviction. » Une conviction tardive pour celui qui, longtemps, n'a eu aucun sens de la tragédie et, particulièrement, de la « tragédie des tragédies ». Mais cette évolution l'auto-promeut comme juif par valeur, juif d'honneur en somme. Et plus encore lorsqu'il se déclara « comblé de bonheur » par le choix du prénom de son premier petit-enfant que lui a donné son fils Jean, « Solal », comme le héros de *Belle du Seigneur* d'Albert Cohen, qu'il admire autant que Céline ! La mère de Solal, elle, est juive. Solal Sarkozy, lui, est juif.

L'adieu au mort

Il faisait un soleil à ne pas perdre un ami, de surcroît un conseiller de gauche qui savait chanter plus de chansons que lui-même n'en connaissait et qui avait été ailier droit au Nîmes Olympique Club quand Nicolas Sarkozy n'avait jamais tripoté le ballon qu'en amateur. Pourtant le ministre de l'Intérieur était là, au cimetière Montparnasse, en ce jour de juillet 2005, sous un soleil de plomb, pour enterrer avec la famille et les proches, la plupart de l'autre « camp », Jean-Michel Gaillard, ce petit-fils de maçons et fils d'instituteur communiste du Gard, bon vivant et vif-argent, amateur de Jaurès et d'amitiés, décédé d'un cancer du pancréas fulgurant. L'un des auteurs l'avait présenté au maire de Neuilly quand celui-ci traversait son désert « grand comme un bac à sable », disait-on méchamment, mais qui aurait pu se transformer en sables mouvants où se perdraient ses ambitions s'il n'y avait pas pris garde. Les deux hommes s'étaient trouvés entre deux éclats de rire et de vie, et deux scénarios télé scénarisés ensemble, l'un sur Georges Mandel, l'autre sur Leclerc, *Un rêve d'Indochine*. Ensemble ils parlaient beaucoup de l'Élysée, où l'énarque avait été conseiller, et du vieux chef socialiste qui l'avait remercié après un conseil imprudent avant 1988 : « Ne pas se représenter. » Sacré Jean-Michel Gaillard !

Nicolas Sarkozy aimait à l'afficher comme le conseiller de François Mitterrand qui consentait à l'éclairer. Il avait bien Jacques Attali qui lui narrait par le détail le quotidien du Palais comme les défis du monde qui se dressaient devant un président de la République française. Mais Gaillard était de gauche, résolument. Au point de reprocher souvent à son ami François Hollande de ne l'être pas assez ou trop mollement. Pourtant ils avaient ensemble fondé les transcourants, en compagnie éclairée de l'avocat Jean-Pierre Mignard, du futur ministre du président Sarkozy, Jean-Pierre Jouyet, et de... Ségolène Royal. Mais la dérobade de Jacques Delors en 1995, les querelles sempiternelles du PS et les circonvolutions hollandaises, comme les lâchetés de ses « camarades » incapables de soutenir ses réformes quand il avait été à la tête d'Antenne 2, tout ce petit monde de médiocrité ne faisait plus rire Gaillard, alors que la gourmandise, la voracité et la plasticité de Nicolas Sarkozy l'intéressaient, l'enchantaient même parfois. L'homme du peuple admirait sa force et « son souci du peuple » justement. Ses yeux bleus pétillants derrière ses lunettes dorées n'étaient pas moqueurs lorsqu'il faisait face à l'enfant de la plaine Monceau qui soulignait à quel point il avait été « malheureux » dans ses jeunes années. « On a l'enfance que l'on vit et qui vous fait vivre », soulignait Gaillard avec, envers le ministre de l'Intérieur, une fraternité de réprouvés qu'il dissimulait pour grande partie à sa famille politique d'origine, le PS.

Nicolas Sarkozy le consultait volontiers. Il l'écoutait même en particulier sur la télévision de service public qu'il fallait « désintoxiquer de la publicité » – ces deux-là passaient des heures à se raconter les splendeurs et la décadence du petit écran dans lequel ils étaient tombés tout jeunes – mais ils pouvaient s'accorder aussi sur la suppression de la double peine. Seul conseiller... de gauche, puisque Alain Minc n'était de gauche que par éclipses, Jean-Michel Gaillard allait terriblement lui manquer.

Est-ce parce qu'il ressentait ou pressentait l'ampleur de cette perte ? Nicolas Sarkozy joua cette scène funèbre comme s'il s'agissait d'un épisode noir du *Parrain*. Alors que toute la foule sentimentale se pressait à l'ombre pour partager en famille ou en camarade son chagrin, le ministre de l'Intérieur se hissait en hauteur. À part. À distance. En plein soleil. Avec ses Ray Ban aviateur sur le nez et ses gardes du corps aux épaules. Impassible. Sans dire un mot. Sans ciller ni vaciller, lui qui bouge tant d'ordinaire, qui ne tient pas en place ! Une force immobile. Il n'essuyait pas même la sueur qui ruisselait sur ses maxillaires battant presque imperceptiblement le tambour de la tristesse. En face, on s'éventait, on dansait d'un pied sur l'autre au fil rouge de l'hommage chaleureux. La fatigue, les fourmis qui gagnaient les pieds, le dos qui torturait. Et cette chaleur de fournaise comme un avant-goût du purgatoire.

Les regards s'égaraient dans le passé des éclats de rire d'autrefois, des combats en partage, des désillusions également, mais ils revenaient perpétuellement à Sarkozy, comme aimantés. Personne ne parvenait à imiter cette immobilité de puissance. Ce mélange de parrain maffieux et de GI Joe. À chaque instant, on s'attendait à voir arriver les hélicoptères du GIGN, mais ce n'étaient que les mouches importunes qui tournoyaient au-dessus de nos têtes. Nous les chassions rageusement. Il n'esquissait pas un mouvement. Il y avait Nicolas Sarkozy et il y avait les autres.

Chacun était renvoyé à l'anonymat du commun des mortels. Même le massif Philippe Séguin, premier président de la Cour des comptes, dont Gaillard était membre, semblait un colosse tassé, rapetissé. Les « trans », les transcourants, Hollande, Jouyet, Mignard, qui avaient partagé le repas du souvenir dans un bistro de Montparnasse avant de venir, semblaient interloqués de voir Sarkozy là. Impressionnés. Bluffés. L'Adversaire, l'Ennemi faisait comme s'ils n'existaient pas. « Nicolas » était là pour Jean-Michel. Et plus encore.

Un adieu au mort est toujours un message aux vivants. Message de fidélité à l'ami, sans doute. Mais message de puissance aussi, de maîtrise, de détermination, d'arrogance également. « Je suis chez vous, et je ne vous crains pas. » Pas un instant Sarkozy n'a baissé la tête, ni même esquissé un fléchissement de nuque. Au contraire, devant cette assemblée de gauche, foncièrement et fraternellement laïque, il a fait lentement un signe de croix, en soulignant chaque temps, en plantant chaque clou dans le corps des incroyants qui le contemplaient stupéfaits. Puis, à la fin de la cérémonie il est reparti avec ses gardes du corps zombies, en contournant les allées trop encombrées. Le ministre de l'Intérieur s'est éloigné en zigzaguant entre les tombes. Il n'avait pas peur des vivants ; il ne pouvait pas montrer qu'il craignait les morts.

II
L'ascension d'un chef

« J'aime... Chirac ! »

À table ! La politique, ça se déguste, à déjeuner ou à dîner. Enfin, c'était comme ça avant la génération *light*. À l'époque, en cet automne 1989, le jeune maire de Neuilly (trente-six printemps) n'est pas du genre, il ne l'a jamais été, à s'attarder sur les mets ni sur les vins, puisqu'il est pâtes et jus d'orange. Mais il dévore... la vie, aussi bien que l'avenir. Nicolas Sarkozy a pris place à la table du pouvoir, il ne se contentera pas de miettes. Devant les deux journalistes ébaubis qui l'ont invité au restaurant de *L'Événement du jeudi*, rue Christine, juste en dessous du journal, le tout frais élu de « la » banlieue chic découvre ses dents, ses ambitions tout aussi étincelantes et son amour total, à la vie à la mort, pour... Jacques Chirac !

Relire ses notes manuscrites sur un papier à peine jauni fait un choc. L'émotion, l'admiration parfois, l'amusement aussi s'y retrouvent quasiment à chaque ligne, tant le gaillard se raconte avec jubilation. Tant il ment avec conviction. Il adore parler de lui, c'est ce qu'il connaît le mieux, c'est ce qui l'anime le plus, c'est ce qu'il aime le plus. Et déjà, il sculpte sa légende. « Mon père qui a foutu le camp de Hongrie sous un train, puis qui s'engage dans la Légion étrangère ! Pfff, la connerie de sa vie. Un médecin hongrois l'en sauve. Direction Paris avec sa première nuit sans un sou, à la belle étoile, place de l'Étoile. » La bonne étoile, bien sûr, qui guide son destin ! Le conquérant rit de ce clin d'œil lumineux. « Un instinct sûr l'avait conduit vers les beaux quartiers. Déjà... », s'amuse-t-il, avant d'enchaîner *in petto* un autre récit épique qui le fait jubiler : la conquête de Neuilly.

« Charles Pasqua était à l'hôpital – encore un signe du destin, non ? Il devait être opéré d'une hernie, et c'est moi qui le préviens de la mort d'Achille Peretti, le maire, et mon premier père politique. » Le deuil n'aura pas duré longtemps : « Je me suis d'abord dit : "Pour moi, c'est trop tôt !" J'étais dans ma 7e année seulement de conseil municipal et nommé adjoint depuis un mois seulement. Ça faisait tendre. » Une promotion ultrarapide pourtant dont il fournit volontiers la recette qu'il appliquera avec maestria aussi bien avec « Jacques » qu'avec « Monsieur Balladur » : la 25e heure. « Les aînés, se délecte-t-il à rapporter, nous demandent d'être disponibles pour eux 24 heures sur 24. Moi, je leur dis et "pourquoi pas une 25e heure, où j'apporte des solutions, jamais des soucis, ou je fais tout ce que les autres n'ont pas pu, pas su, pas voulu faire". » Aller chercher des fleurs pour l'épouse, sortir le chien, prendre des nouvelles de l'angine de Mme Germaine, etc. « La méthode S. comme Sarkozy », tout juste brevetée. Il la refilera même plus tard à Jean-François Copé quand il le recrutera pour travailler auprès de Chirac !

Mais voilà le maire de Neuilly reparti dans son récit : « Je me suis dit tout à coup que j'avais mes chances. Je ne pensais qu'à ça, je ne rêvais qu'à ça. Alors que Pasqua n'en voulait pas vraiment. Il me l'a dit ! » Là, nous sommes séchés, bluffés. Quel toupet, le jeunot !

« Charly », qui sentait le soufre des batailles de l'ombre, crevait de désir pour Neuilly. Il fallait être inconscient, ou hors norme, pour défier celui qui, à cette époque, était un monument, le patron du mouvement gaulliste du département des Hauts-de-Seine, l'ancien de la Résistance et patron des barbouzes (Service d'action civique), celui qui avait contribué à la promotion locale de Nicolas Sarkozy et lui avait même dégotté une planque pour son service militaire. Le parrain coincé à l'hosto avait missionné Sarkozy pour mener « sa » propre campagne. Il n'imaginait pas un instant que le « gamin » allait le bousculer et « rouler pour son propre compte » ! Sans le moindre regret ni état d'âme. Avec un air de premier communiant un brin canaille, Nicolas Sarkozy nous raconte sa version pour bibliothèque municipale neuilléenne : « Les conseillers municipaux ne voulaient personne d'autre que moi, même si certains me trouvaient trop minot et se moquaient en précisant "qu'ils attendraient avant de voter pour moi que j'aie rangé mes culottes courtes"... » Il est vrai que six ans après cette première élection, il a toujours cet air si juvénile qu'on serait tenté de lui offrir des bonbons. Les manches de son blazer bleu sont trop longues, les épaulettes de guingois. Nicolas Sarkozy en rajoute dans l'élégance bourgeoise pour qu'on le prenne tout à fait au sérieux. Ce petit-là voudrait qu'on le regarde comme le grand qu'il voudrait être.

On comprend mieux pourquoi il n'a abandonné aucun des signes du pouvoir, voiture de fonction de prestige, bureau du maire sortant hyperclassique, huissiers solennels. L'étiquette soulignée doit lui donner l'autorité que ses apparences, son âge et les vieux kroumirs du parti lui dénient.

Le jeune maire finit par en convenir toutefois, pour mieux souligner ses mérites propres : personne ne l'a soutenu dans cette bataille de Neuilly, tout au moins au début. « J'étais seul à y croire, s'enflamme-t-il. Il y a même eu un conseil de famille pour me dissuader. Mon frère aîné, Guillaume, m'a enjoint de renoncer. "Sinon, m'a-t-il averti, tu vas te ridiculiser". » L'avertissement rétrospectivement le fait rigoler. « Ma famille craignait qu'on me fasse du mal, que je ne sois pas à la hauteur. Ils m'ont cru fou. » Le récit épique de sa légende se poursuit. Il en tient le fil, qu'il ne lâche pas. « Je suis un immigré. Pour les miens, il fallait monter sans se faire remarquer. On ne me donnerait rien. Il fallait sauter sur toutes les opportunités. » Il a d'abord dû vaincre ces résistances proches qui lui carillonnaient le couvre-feu. Guillaume, donc, qui « se prenait pour mon père absent », et même les amis, notamment Brice Hortefeux, qui ont entendu dix fois, cent fois, la parabole du pêcheur qu'il nous ressort : « J'étais un petit pêcheur qui tous les dimanches attrapait son petit poisson dans sa petite rivière. Un jour, passe un gros morceau. Alors soit je tente le coup, soit je retire ma canne parce que mon fil risque de casser. Mais alors, il n'y aura jamais de belle prise pour moi. Quelqu'un d'autre chopera toujours le gros poisson à ma place ! » C'est ainsi qu'on ferre un requin « ave » l'accent de Marseille et des chaussures bicolores. Pasqua le Boss ! Sarkozy en rit encore. « Charles ne m'en a pas voulu bien longtemps, il sait ce que c'est la politique. » Et puis ce souvenir, à la fois amusé et amer qui revient : « Je crois que j'ai vraiment pris ma décision quand, à l'hôpital, il m'a offert une boîte de chocolats, en me disant : "Tiens mon petit Nicolas, je crois que tu aimes ça"... » N'humiliez jamais, vous le paierez au centuple. Et avec Sarkozy, au « multiple ». D'abord parce qu'on ne plaisante pas avec le chocolat, dont il est friand. Ensuite parce qu'il a fait de la moindre blessure d'orgueil l'aliment incandescent de sa colère, de son ascension.

Là, nous sommes sous le charme. Ce diable de personnage raconte comment il a circonvenu les conseillers municipaux, en jouant sur leurs qualités comme leurs défauts. Il les a tous visités en arborant ses bonnes intentions et son sourire désarmant. En jouant de sa jeunesse aussi qui pouvait laisser espérer à tous les anciens qu'ils conserveraient le pouvoir à travers lui. Les naïfs ! Sarkozy jubile du bon tour qu'il a réservé à tous ces « nantis ». « Le secrétaire général du RPR, Bernard Pons, m'a convoqué pour me demander de laisser ma place à Charles. Au nom des intérêts supérieurs. » Il s'esclaffe. « Je l'ai envoyé promener... » Le faraud faraude, mais se croit obligé d'ajouter cette précision inouïe : « Chirac m'a toujours encouragé. » Faux ! Le maire de Paris avait lui-même dépêché Bernard Pons pour obtenir le retrait de Sarkozy. Mais ce dernier dément, fait comme s'il avait eu l'appui constant et bénévole de celui qui, après son premier discours en 1975 aux assises de Nice de l'UDR, l'ancêtre de RPR, l'avait reçu à Matignon. Petits plats dans les grands et mots si encourageants qu'il ne se lasse pas de les égrener en chapelet de perles porte-bonheur : « Tu es doué pour faire de la politique, je veux que tu en fasses avec moi. » Une pause d'émotion. Et voilà Sarkozy qui enchaîne sur une déclaration d'amour, dont la vibration, l'intensité, les accents de sincérité sont tels qu'aucun doute, aucune contestation n'est possible : « J'aime Chirac. » Si c'est de l'amour, alors, c'est du sérieux !

Plus tard pourtant, il nous dira, nous répétera, nous martèlera : « Je ne l'ai jamais considéré comme mon père. Je ne suis pas fou. » Il ajoutera même : « Chirac a toujours joué contre moi. J'ai conquis Neuilly contre sa volonté expresse ! » Et puis encore : « Il m'aimait bien parce que j'étais un zélé serviteur. Un bon garçon. Je venais le dimanche corriger ses discours avec les autres barbons. Mais ça me faisait chier de changer des virgules dans des textes sans idées. » Et pour finir, il nous a asséné ce qu'il voulait établir comme la « vérité ». « Je suis le seul à avoir eu des rapports normaux avec lui. J'ai une femme, des enfants. Alors, l'amour, ça n'a rien à voir avec la politique. »

Cependant, ces notes de sa jeune époque sont là. Et même cette précision : « J'aime Chirac y compris dans sa capacité à commettre des erreurs. » Une affection, une générosité d'âme nécessaire en cette époque où le président du RPR était attaqué tous azimuts et notamment par les « rénovateurs » de la droite, en raison de sa déroute à l'élection présidentielle de 1988 face à François Mitterrand. Chirac en avait beaucoup souffert, « et ça le rend encore plus attachant », s'émouvait Sarkozy, qui précisait aussi : « J'ai des liens personnels avec toute la famille. » Des liens qui seront tranchés douloureusement lors de l'élection présidentielle de 1995, quand il choisira Édouard Balladur. Chirac dira ensuite : « Sarkozy ? Il faut marcher dessus, ça porte bonheur. » Le maire de Neuilly, lui, prétendra ne plus faire de sentiment, rien que du rapport de force. Tout en s'exaspérant de se voir préférer un autre : Juppé, et même Villepin ! Mais en ces temps de jeunesse, il écarquille encore les mots et les yeux, quand il évoque le « Grand ». Il a juste rajouté cette phrase avant de nous quitter, dans ce souci d'apparente vérité à laquelle il tient plus que tout : « Je rêve d'être au gouvernement. N'importe où... »

Puis Nicolas Sarkozy est remonté à l'arrière, dans sa voiture avec chauffeur. Les sièges n'avaient pas dû être refaits. Il s'enfonçait, disparaissait presque. On ne voyait de lui que son nez, comme une épée.

La bête blessée

Cette mairie, qu'il a conquise en 1983 au prix d'un combat sans merci contre l'un de ses « parrains » de l'époque, Charles Pasqua, cette mairie de Neuilly plantée au cœur du ghetto des riches, le plus célèbre de France, où il a pris à la fois ses aises et ses habitudes, voilà qu'elle ressemble à un tombeau à ciel ouvert. On y assiste à l'enterrement de Nicolas Sarkozy. Ici, une étoile (de la politique) était née ; elle vient de s'éteindre après la débâcle d'Édouard Balladur. C'est ce que répètent avec insistance les bruits de la ville, de la grande ville, de l'autre côté du périphérique, à Paris.

Il est vrai que, depuis la défaite d'Édouard Balladur au premier tour de l'élection présidentielle, le 23 avril 1995, on ne l'a plus entendu. Nicolas Sarkozy, après avoir assisté avec courage à ce meeting d'entre deux tours au parc de Bagatelle où il avait été humilié, vilipendé, honni, a opté pour une attitude étrangère à sa nature : la discrétion, le silence, se faire oublier. Il n'a pas le choix : la quasi-totalité des élus de droite et la plupart des journalistes le snobent. Vanité de la politique : depuis quelques années déjà, le « jeune Sarkozy » (on disait toujours le « jeune Sarko » et cela lui était insupportable) était à l'épicentre du jeu stratégique, au plus près de Chirac. Il avait choisi et il avait perdu, voilà tout. Le temps du châtiment était venu, il le savait. Il ne renâclait même pas, enfermé à double tour dans son donjon de Neuilly dont les chiraquiens n'étaient pas parvenus à le chasser.

Puisque nos confrères l'ignoraient en une époque où le politiquement correct exigeait qu'Alain Juppé soit « le meilleur d'entre tous », nous nous sommes empressés d'aller le voir. Règle de base que les journalistes partagent avec les boursicoteurs : il faut toujours ramasser les valeurs à la baisse. Nous étions sûrs que celle-ci remonterait vite, très vite. Ajoutons que c'est dans ces moments douloureux que les tempéraments se révèlent et que les plus cadenassés se déverrouillent. Un peu. La « bête » blessée était en soi intéressante à observer et sa vision du chiraquisme triomphant serait forcément éclairante.

Nous voilà donc un samedi matin de l'automne 1995 à errer dans les couloirs de cette mairie hors du temps. Nous finissons par le trouver, Sarkozy tel qu'en lui-même, vêtu d'un pantalon de flanelle et d'un blazer (fidélité au style Balladur) et attisant le feu dans la cheminée (une réminiscence de Chirac). Il est à la fois heureux de nous voir, faussement enjoué, vraiment triste. Il n'a toujours pas compris comment Chirac (dont il ne pense décidément pas de bien, qu'il s'entête à estimer limité, dont il est persuadé qu'il est cruel alors que les

Français le croient bon homme) peut à présent s'avachir dans les fauteuils de l'Élysée. Cette victoire, il n'en revient pas ! Il attend la première question en triturant avec nervosité un havane...

« Tu as songé à abandonner la politique ?

— Bien sûr, il faudrait être sans foi ni loi pour ne pas y penser après une telle période et de tels événements. J'aime la politique, mais j'ai toujours su que je pouvais faire autre chose, gagner ma vie différemment, avoir du temps pour ma famille et pour moi, profiter, voyager, être heureux. »

Il n'en croit pas un mot. Il est mal à l'aise, ne sachant pas quelle figure, quelle attitude, quel ton (bravache ou méditatif) adopter face à nous. Doit-il avouer sa déconvenue, ses désillusions, et donc confesser son mal-être ou bien rouler des mécaniques comme les fauves politiques savent le faire ? Il oscille, hésite, cherche ses mots, ce qui, chez lui, n'est pas habituel...

« Tu as trahi et, maintenant, en toute logique, tu payes puisque tu as perdu.

— Trahi... Mais c'est quoi, toutes ces conneries ? J'ai choisi Balladur et j'ai été aussitôt en avertir Chirac. Il n'a pas voulu me croire.

— Parce qu'il t'aimait.

— Il m'aimait... Je l'ai beaucoup aimé... Bon... Mais je suis un grand garçon et je suis parmi ceux, en politique, qui doivent le moins aux "grands hommes". "Ma" mairie, "ma" circonscription, "mon" ministère... Personne ne m'a fait le moindre cadeau, j'ai conquis tout ça tout seul...

— N'empêche, les Français ont, dans leur majorité, la conviction que tu as trahi Chirac. »

Il s'énerve, attise le feu avec des grands gestes, retire sa veste, la balance sur un fauteuil :

« Vous êtes gonflés, tous les deux. Il ne faudrait tout de même pas que vous oubliiez – et Chirac non plus d'ailleurs – qu'il a soutenu Giscard contre Chaban. Il est le plus mal placé pour me faire la leçon... »

Il est satisfait de ses formules, la rouste électorale ne l'a pas (tout à fait) détruit :

« Vous savez, j'ai plein de trucs à vous dire... Par exemple que plus jamais je ne serai collaborateur de qui que ce soit. Si je reste en politique, je m'installe à mon propre compte ». Il prend la pose : « Que voulez-vous ? J'aime la politique... »

Il sourit, enfin. Notre présence, nos questions, nos incessants retours à sa relation avec Chirac lui donnent à nouveau envie. Envie de politique. Nous sommes en 1995, il est déjà sur le chemin de l'élection présidentielle, un jour...

« En politique, on ne te donne jamais rien. Il ne faut jamais demander, il faut prendre. » Sa formule, maintes fois resservie depuis, le ravit.

Que pense-t-il des premiers pas du président Chirac ? Il ne veut rien en dire, pas un mot. Il observe, rien d'autre. Il consent à évoquer le personnage Chirac. À propos du chef de l'État, motus. Ça viendra plus tard, beaucoup plus tard :

« Je connais Chirac depuis juillet 1975, depuis ce jour où pour la première fois, il m'a reçu en tête à tête. Je l'ai toujours à la fois exaspéré et bluffé par mon refus de me coucher, d'accepter par principe ce qu'il dit. Je ne lui ai jamais dissimulé mes désaccords. Je n'ai pas de complexes vis-à-vis de Chirac et je suis donc le seul à avoir des rapports à peu près normaux avec lui. Chirac est un personnage ambigu, certainement pas le type binaire que vous décrivez. Il est beaucoup moins gentil que vous le croyez tous. Chirac, c'est un animal politique qui sait toujours où se situe son intérêt, il fait disparaître tout affect de ses raisonnements. »

Rien de commun, tient-il à nous faire comprendre, avec Sarkozy le sensible, l'émotif, le bon camarade. Quelques années plus tard, furieux contre le vieux président, il nous dira : « On croit Chirac bête et gentil. En fait, il est très intelligent et très méchant. » Et s'il avait vu juste ?

Il nous raccompagne. À ce moment arrive Brice Hortefeux, le dernier compagnon, l'ultime fidèle, le seul. Ils vont comploter contre le monde entier.

La tasse de thé

Bernadette Chirac était pimpante, souriante, prévenante même, ce qui en soi constituait déjà un événement exceptionnel en ce mois de septembre 1995. Il faut dire que c'était un jour béni par le Seigneur : la désormais Première Dame de France nous recevait en « son » palais de l'Élysée où elle venait tout juste d'emménager. Maquillée, pomponnée, rayonnante, elle battait des cils, des bras, des ailes, pour nous faire visiter son nouveau royaume. Le roi n'était pas son cousin, mais son mari, « Jacques le miraculé », vainqueur surprise d'une élection présidentielle où les élites, mais aussi ses cousins, ses oncles, les Chodron de Courcel au grand complet, l'avaient donné perdu. Tout, les gardes républicains, les fleurs, la lumière, prenait allure de revanche.

Le soleil, ce jour-là, était de la partie et le parfum des roses que Bernadette Chirac aime tant semblait l'enivrer tout autant que celui de la victoire. À l'ordinaire pincées, comme ses lèvres, ses narines palpitaient et ses mots aussi : « Vous vous rendez compte, la nuit j'ouvre mes fenêtres et j'entends la chouette hululer dans le parc. Quel bonheur !... » On s'en rendait d'autant plus compte que nous voulions en savoir davantage sur son (ex-)ami Édouard Balladur, qui avait « manqué » aux Chirac, et sur Nicolas Sarkozy, l'âme damnée du complot, autrefois enfant prodige de la famille Chirac. Elle se mirait dans nos regards admiratifs. Les journalistes vibrent et consonnent volontiers quand ils veulent confesser. Alors, comment aurions-nous refusé la tasse de thé qu'elle voulait bien nous proposer, à nous les plumitifs mécréants qui sentions le soufre de ce qui s'appelait encore *L'Événement du jeudi*, mais qui avions pris soin de nous encravater et de donner un coup de peigne à nos cheveux comme à nos propos trop souvent hirsutes ? Sans doute avions-nous même ciré nos chaussures pour que la gloire de l'hôtesse de l'Élysée puisse aussi s'y refléter. Il faut se résoudre à ces efforts diplomatiques, et parfois même consentir à quelques basses flatteries ou sacrifices de goût pour parvenir à ses fins : « Une tasse de thé ? Avec grand plaisir, si ça ne dérange pas. » La réplique de la reine mère valait son nuage de lait : « Mais nous sommes bien servis maintenant ici... »

Les instructions de la patronne étaient encore toutes fraîches et prononcées d'une voix tranchante avec les lèvres en pince à sucre qui ne toléraient aucun laisser-aller. Le thé fut versé bouillant dans des tasses du meilleur service. On entendait tinter les cuillers et... nos questions : « La trahison d'Édouard Balladur l'ami de trente ans de votre mari, le vôtre, comment l'avez-vous vécue ? » Sa tasse de thé tout à coup trembla à l'instar de ses propos vibrants d'indignation vertueuse : « Quand je songe que nous allions à la messe ensemble, maris et épouses, avec les enfants. Et j'ai vu sa tête satisfaite sur les affiches électorales devant nos fenêtres de l'Hôtel de Ville ! Qu'est-ce qu'il avait besoin de s'exhiber comme cela Monsieur le Premier ministre qui devait tout à Jacques ? Tout en protestant de ses pures et bonnes intentions ! Je l'avais dit à mon mari qui ne voulait rien en croire : "Celui-là, il vous prépare un sale coup à la présidentielle." Je m'y attendais... » La sainte femme, qui se veut fine mouche, n'avait donc pas pardonné au « Traître ». Traître à son Homme, traître à ses valeurs d'engagement, traître à leur foi commune. « Vous vous rendez compte, nous allions à la messe de concert. En famille. » Mais elle en avait plus encore contre le « renégat », ce Belzébuth avec ses deux bosses sur le crâne comme des cornes, Nicolas Sarkozy !

À peine avons-nous prononcé son nom que Bernadette ne put plus contenir sa rage et... renversa sa tasse de thé dont quelques gouttes vinrent maculer son chemisier crème du meilleur effet pourtant avec son collier de perles blanches. La Première Dame de France fut incapable de contenir le tremblement de ses mains, ses yeux se voilèrent, la voix devint sourde, grondante, comme si elle arrachait de la douleur de ses entrailles. Malgré le baume de la victoire, la plaie demeurait à vif.

« Nicolas Sarkozy a touché à mon honneur. Je me vengerai. » Ses yeux lançaient des éclairs comme des poignards. Les accusations de fraude sur son héritage lancées comme des boules puantes pendant la campagne présidentielle lui avaient retourné la tête et soulevé l'âme : « Ces attaques venaient de chez le ministre du Budget, Nicolas Sarkozy. Nous le savions par des informateurs. Or ma déclaration d'ISF [impôt sur la fortune] était faite par un avocat depuis la mort de papa il y a onze ans. Pas un centime ne pouvait être dissimulé. L'idée même ne m'en serait jamais venue. Mais ma famille ne supporte pas l'étalage. Ce fut un choc pour elle. Et pour moi... » Le combat « de jour comme de nuit » est passé, mais le baume puissant de la victoire n'a rien apaisé. Mme Chirac était littéralement révulsée et continuait à parler pendant que nous prenions des notes comme des fous puisque nous lui avions très clairement dit que nous préparions un livre sur la victoire de son mari[1]. Elle était lancée, débridée. Rien ne la stopperait, pas même son conseiller de presse, Bernard Niquet, débordé par ce flot d'amertume et de colère.

Bernadette Chirac usa bien de la formule rituelle, de ce rappel des convenances : « Arrêtez de me parler de lui... », mais ce fut pour ajouter aussitôt : « C'est un médiocre, il n'en vaut pas la peine... » Puis d'en rajouter d'elle-même, avec des phrases plus violentes les unes que les autres qui s'enchaînaient et la déchaînaient : « C'est un médiocre... L'histoire ne retiendra pas son nom... » De relire cette prédiction à laquelle elle voulait ardemment contribuer, voilà qui ne manque pas de sel. Mais elle poursuivait en détachant ses mots pour que nous n'en perdions aucun : « Cet imbécile a cru dénicher une truffe. Pour abattre mon mari.

---

1. *Le Roman du président*, tome I, Plon, 1997.

C'est un voyou... un petit voyou... Édouard n'est quand même pas dans ce panier-là... » Balladur était de son monde, son grand monde à particule et/ou prétentions aristocratico-bourgeoises. Sarkozy qu'elle avait adoubé – « Il était si gentil avec Claude. Elle riait grâce à lui » – en était expulsé tel un faquin, violemment. « Définitivement », jure-t-elle. « Voyou ! » : Bernadette, ex-Chodron de Coucelles, ne pouvait lancer accusation plus infâmante.

À ce moment-là, l'épouse du nouveau président de la République affirme qu'elle « ne pardonnera jamais », qu'à la différence de son mari, qui est « une bonne pâte », elle jurait qu'elle avait de « la rancune... ». « Les femmes, vous savez, ça ne se laisse pas manipuler comme cela... » Elle promettait de poursuivre l'infâme, le parjure, « le petit démon » au-delà de sa défaite de ces jours, au-delà de cette vie, au purgatoire jusqu'à ce qu'il expie ses fautes. Elle comptait tout à fait se charger en personne du jugement comme du châtiment : « Ce petit voyou, je lui botterai les fesses jusqu'à ce qu'il n'en ait plus... » La vulgarité du propos, même si elle n'a pas dit « cul », semblait enfin la soulager. Elle souriait : « Vous reprendrez bien un peu de thé ?... »

Notre *Roman du président* rend la teneur de ses déclarations, mais nous avions gardé la saveur, l'aigreur, voire la méchanceté crue des propos d'une femme blessée qui tenait à faire connaître « l'insurrection de tout son être devant tant de bassesse et de félonie ». Nous faisions notre boulot de journalistes-écrivains de l'histoire immédiate en les rapportant aussi fidèlement que possible. Sans provoquer de scandale, en dépit du succès du livre.

Personne ou presque ne releva ce courroux majestueux. À l'exception de Nicolas Sarkozy qui ne nous pardonna pas, enfin, difficilement...

Pourtant nous nous connaissions bien, et depuis longtemps. Il était sensible à ce que nous ayons repéré très tôt ses dispositions hors du commun pour la politique. Nous nous respections. Il aimait à dire que nous « faisions honnêtement notre travail dans un journal qui ne l'était pas toujours ». Compliment ambigu, on en conviendra, qui lui permettait de prétendre à nos bonnes grâces pour équilibrer les « mauvaises » qui lui étaient faites ailleurs. Mais en l'occurrence, il rompit les ponts sitôt la publication du livre. Il brisa net toute relation. Plus de rendez-vous. Plus de coups de téléphone, pour lui qui les pratiquait assidûment. Un silence ostensible comme une déclaration de guerre : « Nicolas refuse de vous voir. Il est outragé... » Refus qu'il cultiva obstinément jusqu'à la naissance de Louis, l'enfant qu'il eut avec Cécilia le 13 décembre 1997. Nous profitions alors de l'opportunité pour lui envoyer un petit mot ainsi rédigé : « Lorsque l'enfant paraît, les querelles de famille s'apaisent et les journalistes peuvent à nouveau travailler avec les hommes politiques. » Sarkozy aimait bien qu'on se réjouisse de ses bonheurs, et nous avions besoin de revoir celui sur l'avenir duquel nous avions très tôt parié. Un rendez-vous nous fut immédiatement annoncé.

Nicolas Sarkozy fut direct, brutal même, plaçant d'entrée la brouille sur le terrain personnel : « Vous m'avez fait mal. Je croyais que vous étiez des amis. » Nous l'avions déçu, nous avions trahi « notre relation ». Le « Traître » renvoyait la traîtrise vers ceux qui la rapportaient ! Il ne prenait même pas la peine de s'étendre sur l'inanité des reproches de celle qu'il nommait méchamment « Nadette » : « C'est n'importe quoi. Je m'en suis expliqué, avec Juppé, avec d'autres. "Si vous avez des preuves de mon implication, sortez-les !" je leur ai dit. Ils n'ont jamais rien sorti. La vérité, c'est que ça balançait depuis leur camp. » Il ne dit d'ailleurs pas qu'il a trouvé ces mises en cause vexantes. Il ne veut pas laisser deviner que le mépris de la Première Dame l'a touché. Il nous renvoie systématiquement au registre affectif. Compte tenu « de notre passé commun, nous n'avions pas "été corrects"… ». En clair, nous lui aurions manqué.

Nous plaidions d'abord qu'il ne pouvait nous faire le reproche de parti pris contre lui, puisque nous ne prenions pas à notre compte les propos de Bernadette Chirac. Mais il répliquait comme on cingle : « Si vous aviez été des amis, vous n'auriez pas reproduit de telles accusations. » L'habile homme qui voulait nous obliger soit à battre notre coulpe, soit à nous dévoiler comme des « journalistes qui faisaient un drôle de [entendez sale] métier ». Nous étions des méchants mecs ou/et des chiens. Le piège était armé dont nous avons essayé de sortir comme nous pouvions : « Nous sommes des journalistes, mais nous tentons de faire notre boulot correctement. Tu sais parfaitement qu'il ne peut y avoir d'amitié totale. » Mais nous n'en prétendions pas moins à une éthique de l'élégance à laquelle nous n'avions jamais contrevenu : « Nous sommes obligés d'entrer en empathie pour comprendre, retranscrire. Alors oui, il y a forcément distance, trahison. Nous sommes des cambrioleurs d'être, mais des gentlemen cambrioleurs. »

Les choses étaient dites, croyions-nous. Il n'était pas convaincu et montrait clairement que nous avions une dette d'honneur envers lui, ce que nous réfutions. Mais ce crédit pouvait lui être utile. Un jour, croyait-il, cela pourrait lui servir de nous avoir si bien fait le coup du sentiment, trop bien peut-être même pour que ce soit tout à fait artificiel. Nicolas Sarkozy est un affectif qui prétend de pas faire de sentiment, mais nous reprochera toujours de ne pas en faire assez à son égard, de manquer de générosité, d'humanité ! Ce n'était pas que de l'habileté, mais c'en était aussi.

L'histoire n'est pas finie. Nous avons repris le cours des jours et de la politique. Tout aurait pu en rester là : quelques taches de thé sur un chemisier, juste en dessous du collier de perles de la reine, et sur une relation politico-professionnelle si compliquée. Les mois, les années, ont passé. Nicolas Sarkozy est monté dans la carrière en faisant échasse de ses succès comme de ses insuccès. Jusqu'à ce dimanche de novembre 2004, lors de son élection à la présidence de l'UMP au Bourget. Le ministre de l'Intérieur se fait applaudir follement par les militants et la plupart des dirigeants. Bernadette Chirac en personne fait chemin vers lui avec des propos veloutés, elle qui peut être si rêche. Nicolas Sarkozy, lui, aperçoit l'un de nous dans la foule, écarte les gardes du corps et le flot tumultueux des courtisans empressés. Il ne veut parler qu'à celui-là. Il se penche à son oreille et glisse : « On est loin de la tasse de thé, hein... » Son sourire est dur, canaille. Il veut montrer qu'il n'a rien oublié. Jamais. Et qu'il n'oubliera pas une seule humiliation car son moteur, son ressort est là. Sa force incomparable : ne pas accepter la moindre manifestation de mépris, s'en faire un aliment pour son moteur à combustion personnelle. Cet homme boit peut-être du Coca et du jus d'orange, mais il marche à la tasse de thé de « Nadette ».

Quelque temps plus tard, le ministre de l'Intérieur proposera de raccompagner Madame la Première Dame de France dans son avion. Elle n'avait pas encore prononcé cette célèbre phrase de campagne électorale : « Mon mari et moi, heureusement que nous vous avons... » Mais lors de ce vol très détendu avec celui qu'elle n'appela plus jamais « ce petit voyou », elle accepta « bien volontiers » une tasse de thé...

Les crachats

Il n'a pas l'intention de se dégonfler. Pas question de se défiler et de ne pas se rendre à ces assises extraordinaires du RPR. Chiche...

Dans quelques heures en ce dimanche 6 juillet 1997, Philippe Séguin sera « élu », fort d'un score à la soviétique, président du RPR, ce parti qu'il kidnappe à Jacques Chirac et à Alain Juppé, quelques semaines seulement après leur déroute aux élections législatives anticipées du 1er juin 1997. Funeste dissolution. Lionel Jospin et la gauche plurielle se sont emparés du pouvoir et Nicolas Sarkozy, retranché dans sa mairie-bunker à Neuilly, a manœuvré autant qu'il a pu auprès de quelques élus et militants qui l'écoutent encore pour assurer la victoire de son « pote Philippe » avec lequel il partage un amour immodéré du... football et des pizzas. Univers hautement paradoxal que la politique, où les contradictions idéologiques apparemment insurmontables ne résistent pas aux retournements les plus inattendus, où les alliances contre nature se nouent en un instant. Ainsi Nicolas Sarkozy a-t-il déjà oublié que, dans le camp chiraquien, son « pote » Séguin a joué un rôle capital dans la destruction de la candidature présidentielle d'Édouard Balladur, deux ans auparavant, lorsqu'il avait lancé, le 30 janvier 1995, à Bondy : « Circulez, y'a rien à voir puisque les élites ont décrété Balladur élu, inutile même d'aller voter. » Après cette inspiration divine de tréteaux, comme les hommes politiques en ont peu dans une carrière, la campagne de Chirac avait enfin décollé. Séguin, lui, avait persisté, étrillant chaque jour davantage et plus fort le duo infernal, le duo de tous les dangers, celui que les Français devaient à tout prix écarter : Balladur à l'Élysée, Sarkozy à Matignon. Ces deux-là, à lui seul, massif, il leur avait barré la route.

Philippe Séguin disposait donc de toutes les caractéristiques pour appartenir à l'interminable liste de ceux à droite dont Nicolas Sarkozy, tôt ou tard, entendait se venger. Il leur ferait rendre gorge. Il ne l'avouait jamais, mais il suffisait de l'observer – c'était notre cas – pour s'en convaincre. Mais voilà, Jacques Chirac – ah ! l'ingratitude des bêtes féroces de la politique – avait sacrifié Séguin sans l'ombre d'une hésitation. Tout pour Juppé, « le meilleur d'entre nous », avait-il proclamé pour mieux blesser Séguin, et donc Matignon, mais aussi la direction du RPR. Le député-maire d'Épinal en avait été meurtri, accablé ; Sarkozy, lui, s'en était amusé. Il savait que Chirac pouvait se comporter en assassin. L'ingénuité de Séguin l'attendrissait. Sa jalousie anti-Juppé faisait monter sa cote auprès de Sarkozy. Ils étaient tous deux sur la touche en ces années de triomphe chiraco-juppéien. Ils n'avaient donc d'autre choix que de se rapprocher. Ainsi l'exige la politique.

Et voilà que, deux années plus tard, Chirac et Juppé, à leur tour, sont à l'agonie. Séguin détrône Juppé à la tête du RPR. Cela passe par des « assises extraordinaires », en réalité un sacre où tout, dans le moindre détail, est combiné à l'avance, même les votes des militants. Tout ou presque... Nicolas Sarkozy, lui, savait qu'il allait passer une bien mauvaise journée dans les allées du Parc floral, qu'il serait agoni d'injures. Mais, bien sûr, il ferait face. Comme toujours. Et avec le sourire.

Conversation téléphonique. *Marianne*, créée depuis peu, n'incarne pas encore dans son esprit l'ennemi irréductible. « Nous t'accompagnerions volontiers au RPR, pour sentir comment ça se passe de l'intérieur, comment les militants t'accueillent, comment ils te parlent... Ça nous intéresse, deux années après la "trahison", quelques jours après la déroute de la dissolution »...

« Vous n'allez pas être déçus, je vous le garantis. Pour eux, ceux qui entourent Chirac et Juppé, je reste le diable, le démon, le petit démon. Bien sûr que Séguin souhaiterait que je travaille avec lui. Du coup, ils vont préparer la salle dans la grande tradition RPR, pour que je sois hué. Venez, ça ne manquera pas d'intérêt. Retrouvons-nous à la mairie de Neuilly, Cécilia sera avec moi. On ira ensemble, dans ma voiture. »

Ce type n'a peur de rien. Dans son esprit, la politique se ramène avant tout à un combat. Il ne les craint plus, ni Chirac, ni Juppé. Les a-t-il d'ailleurs jamais redoutés ?

« Je sais bien qu'ils ont tout organisé, précise-t-il. Les sifflets, les pancartes hostiles à proximité de la tribune de presse pour que les journalistes soient aux premières loges, qu'ils perçoivent à quel point je suis haï. Vous ne vous doutez même pas à quel point je m'en fous »... Il s'étourdit de mots. Cette détestation le fait évidemment souffrir. Cécilia ne dit rien. Elle regarde droit devant elle.

La Renault 25 à cocarde se range parmi ses pareilles. Un responsable de service ordonne au chauffeur de se garer à un endroit précis. Pas aimable. Sarkozy, en sortant de la voiture, lui sourit. Sourire forcé, façon de faire savoir, une première fois, qu'il ne redoute rien.

« Allez viens, Cécilia, c'est l'heure du déjeuner, on va aller se promener dans les allées. » Et il lui prend la main, leurs doigts entrecroisés comme à l'habitude. Aussitôt sourdent l'hostilité et les regards méprisants. Il n'est pas, il n'est plus des leurs. Main dans la main donc, et sourires crispés, l'un et l'autre. Du travail de (bons) professionnels dans une atmosphère au couteau. Tension extrême. Personne – ou presque – ne les salue. À leur passage, on détourne volontiers la tête, comme si on se refusait à croiser ou à soutenir le regard du maudit et de son épouse. « Je ne suis tout de même pas responsable de cette défaite hallucinante aux législatives », marmonne-t-il à notre oreille. Il cherche ce jour-là un compagnon d'infortune avec qui partager son désarroi. Il porte beau, regard noir et enfiévré. Et il encaisse. Il est censément parmi les « siens » ; ils le vomissent ! Comment faire ?

Un militant de Neuilly, un fidèle celui-là, le prend à l'écart quelques instants. Il lui détaille pancartes et calicots – « Sarko, petit salaud », « Sarko, traître », « Sarko, dehors », « Sarko, je te hais » – qui parsèment la salle ; il l'avertit que, s'il lui prend l'intention d'approcher de la tribune, alors les slogans et les insultes, les mêmes que sur les banderoles, fuseront. La claque a été organisée, la bande-son mise au point. Il ne tressaille pas. « Ce n'est plus de l'hostilité, dit-il, c'est de la haine. » Ton froid, détaché. En apparence. Il nous révèle qu'il a passé un accord avec Séguin : il ne sera pas numéro 2 en titre du RPR (« Les autres n'auraient pas supporté, Chirac surtout, la mesquinerie, toujours la mesquinerie ») mais il sera… numéro 2 de fait, coordonnateur et porte-parole, une sorte de retour en grâce (« Vous voyez, je sais encore faire de la politique. Avec Philippe, on est tout de même meilleurs qu'eux »…). Eux ? Chirac et Juppé. Eux ? Son obsession. Il entend se venger d'eux, il ne vit que par ça, que pour ça.

À cet instant précis passe un militant à la dégaine convenable, la cinquantaine, rien de particulier. Sinon qu'il crache aux pieds de Nicolas Sarkozy. Geste aussi déterminé qu'obscène. Et il s'éloigne, sourire aux lèvres. Sarkozy a hésité un instant, oh un instant seulement. Il l'aurait volontiers frappé, mais Cécilia l'a retenu, un regard aura suffi. Un éclair de rage, et il se contente de commenter : « Si c'est ça, la politique, ça ne vaut pas la peine. » Alors, pourquoi supporte-t-il pareille violence ? Pourquoi n'abandonne-t-il pas pour « devenir enfin riche », son autre obsession, cette envie permanente et haletante qui le taraude autant que la conquête du pouvoir ? « Parce qu'ils me soutiendront bientôt, précise-t-il. Parce qu'ils crieront mon nom plutôt que celui de Chirac et de Juppé, parce que l'histoire le veut ainsi, parce que je n'ai pas le choix. Ceux qui ne peuvent pas supporter d'être haïs doivent quitter la politique. »

Quelques années plus tard, le ministre de l'Intérieur Sarkozy affine son propos. « Le courage, c'est de connaître et de dominer sa lâcheté. » Il sait faire. À Vincennes, il l'avait prouvé.

Quelques semaines plus tard, l'un de nous a droit à une explication de texte, en forme de confidences distillées :

« Chirac m'a dit : "Nicolas, depuis que je suis à l'Élysée, j'ai pris de la distance." Son nez s'allongeait... Il insistait : "Nicolas, on ne parle que de l'avenir." Mais qui donc me pourrit la vie avec le passé ? Pour Chirac, le monde se divise en deux : les serpillières et les ennemis. C'est pourquoi je me suis refusé à le rassurer tout à fait. Je veux qu'il garde sur mon compte une part d'incertitude. Ainsi, je ne serai peut-être pas rangé parmi les serpillières. »

La posture paraît un peu trop commode : « Le président affirme qu'il ne te pardonnera pas...

— Qui dit ça ? Ceux qui ont la trouille que je revienne prendre leur place... Mais je ne demanderai pas pardon. Jamais ! Je ne mettrai pas un genou à terre. Jamais !

— Mais il t'aimait et tu l'as pourtant trahi...

— Allons, pas de guimauve en parlant de Chirac. C'est un cynique, vous le connaissez aussi bien que moi. »

Et il ajoute, comme s'il parlait tout seul :

« Il m'aimait. Je l'ai beaucoup aimé. Mais je ne suis pas malade, je n'ai pas fondu les plombs. Je suis grand, majeur et vacciné. J'ai une femme et des enfants, je n'ai pas besoin de père de substitution. D'ailleurs, Chirac est un cynique. »

Alors, un crachat...

Européennes 99 :
« Cette campagne, je la sens bien... »

Il était heureux Nicolas Sarkozy dans ce petit coucou à hélices qui vibrait de partout comme lui. « Cette élection, je la sens bien. C'est moi qui donne le tempo », vrombissait-il. Il ne touchait littéralement pas terre : « Je fonce, je fonce, et tout le monde est contraint de suivre. » Sa jambe était agitée d'un mouvement compulsif, on aurait dit le Chirac « dromomane » jeune quand il débordait d'énergie. Un vorace en campagne, de la famille des carnivores, même si le régime de la tête de liste RPR-DL (Démocratie libérale, le parti d'Alain Madelin, numéro 2 de la liste) aux élections européennes ne devait rien aux plats canailles : il engloutissait des jus d'abricot, très frais, son régal d'alors, des sandwichs au saumon et des petits gâteaux tout en se célébrant lui-même, ainsi que sa stratégie « gagnante ». Forcément...

Qui aurait pu douter de sa victoire à l'entendre ainsi jubiler en petit comité et bâtir des châteaux en France ?

« Je réinvente la politique », proclamait-il, moins modeste que jamais. « Ma démarche est simple, détaillait-il à la poignée de journalistes qui, serrés en rond autour de lui, faisaient miroir "réfléchissant" à sa gloire : me rapprocher, étouffer les autres, m'installer. » Illustration de la « méthode gagnante » par ce voyage éclair où nous lui faisions escorte : il revenait de baiser la babouche de Valéry Giscard d'Estaing à Chamalières. Clic-clac, c'était dans la boîte à images, pour la presse régionale et nationale. Des sourires avenants et prometteurs. Dans cette bataille européenne, l'appui de l'ancien président – très europhile – était d'importance. Nicolas Sarkozy l'avait négocié. « Sans rien céder, certifiait-il. Avec Giscard, il ne faut jamais baisser la garde, c'est un grand pro. Quel savoir-faire ! Mais il est trop méchant pour qu'on lui confie quoi que ce soit. » La clef de la – future – réussite sarkozienne n'en était pas moins là : « Philippe Séguin ne voulait pas voir ceux qui ne l'aimaient pas, moi c'est l'inverse. Du coup, je les scotche, je les immobilise, je les lie à moi. » Il joignait le geste du bras à la parole, enveloppant, ligotant : « Je crée du lien et j'attache. » Tant et si bien que derrière son char victorieux devraient être enchaînés tous les chefs gaulois de la droite française. « Même les Amis de Jacques Chirac, l'association de l'ineffable Bernard Pons, je les ai ficelés, se réjouissait-il. Avec la bénédiction de Chirac ! » Le président aussi, il l'aurait entortillé ?

Il fallait entendre et croire que Nicolas le jeune avait fait place à Sarkozy l'adulte qui méprisait ouvertement nos derniers relents de scepticisme d'observateurs arriérés : « Avec le président, il n'y a pas d'affect. Il faut simplement avoir le courage de lui dire "non". Séguin grommelait ses désaccords, moi je les exprime. Chirac les accepte, même si, au début, il a été un peu surpris. » À un autre moment, il détaillera cet ébahissement chiraquien : « Chirac, je l'exaspère et je le bluffe tout à la fois par mon refus de me coucher. » Le constat ne manquait pas de lucidité. Et il précisera encore : « Pour tout ce qui est un peu délicat, je débriefe avec Villepin après avoir parlé à Chirac, afin d'assurer plusieurs prises. Et ça marche ! » Il aurait pu dire que ça volait, tant il planait. L'odeur de la poudre, celle du champ de bataille, l'a toujours enivré ! En outre, il était en plein décollage, s'imaginant tutoyer les étoiles.

Pourtant « Sarkozyx », le Vercingétorix de Neuilly, n'avait su lier à son succès d'apparence si évident ni Philippe de Villiers, ni Charles Pasqua, deux redoutables tribuns antieuropéens qui faisaient rire le populo et claquer le drapeau. Il balayait l'évocation de ces deux « bateleurs de foire » d'un souffle et d'un commentaire tranchant : « Ils ne sont pas un souci pour moi, surtout pas Pasqua qui va vers le cimetière des éléphants. » *De profundis* Charlie. « S'ils avaient entraîné Séguin, le danger aurait pu être réel. Mais Philippe sera obligé de me soutenir, j'en fais mon affaire. » Tout était décidément à son affaire.

Sarkozy *deus ex machina* électoral. Ce qu'il touchait se transformerait en voix. Question d'alchimie personnelle et politique. Car le « petit Nicolas » avait été élevé à bonne école, la radicalo-chiraquienne, celle du toque-menotte. La patte du maître qui terminait les doigts en sang. Or Sarkozy n'a jamais été manchot. Il serrait lui aussi les louches, touchait la bosse du bossu, ne rechignait pas à embrasser le scrofuleux et faisait comme s'il guérissait les écrouelles. Petites jambes, mais longs bras, il allait à la pêche à la main et aux voix avec l'enthousiasme des premières croisades électorales.

Tout ce qui lui arrivait, ce n'était que du bonheur. À commencer par cette défection de Philippe Séguin qui devait initialement diriger la liste RPR, puis cet appel personnel de Jacques Chirac alors qu'il roulait vacances avec Cécilia et les enfants. « J'ai hésité. Nous avons hésité. Nous partions vers La Baule. Mais nous avons saisi la chance. Je suis en train de gagner cinq ans. J'ai eu le courage de répondre au défi quand d'autres se sont défilés. » La France ne pouvait que faire la ola ! Ce doit être cela, exactement cela, l'hygiène du combattant : ne jamais évoquer la défaite, de peur de la provoquer. Ne pas évoquer le crash quand, dans l'avion, les moteurs sont poussés à fond et que la carlingue est agitée de tremblements !

Il n'entendait, il ne voulait entendre que les acclamations militantes, et il voyait les sondages demain décoller comme lui. Puisque tout le monde lui ressassait qu'il faisait une « bonne, une excellente campagne ». À l'exception, notable, de Claude Chirac, qu'il croyait animée par sa vendetta personnelle contre lui. Au lendemain d'un meeting commun avec sa co-tête de liste, l'ultra-libéral Alain Madelin, la fille du président nous avait confié ses craintes : « Ils vont dans le mur. Car ils ne comprennent rien à la France : le pays est rien moins que libéral. » Mais pour le Sarkozy planeur planant, « Alain » ne comptait pas : « Il pédale dans les nuages. Qu'il y reste ! Mais il a des idées, dont je me servirai. » Même les vents contraires étaient pour lui porteurs, puisqu'ils le recentraient !

Qu'on n'aille donc pas lui faire de procès en droitisme, puisqu'il avait tout prévu : « Je vais déborder Bayrou par le centre et l'Europe. Le lâchage de Séguin me sert, car il était trop à gauche et me déportait à droite. Là, j'occupe tout l'espace. » Il irradiait le contentement de soi, la certitude de gagner la bataille, le plaisir, contagieux, de faire, à fond, ce qu'il aimait : de la politique. « Je ne vais tout de même pas m'excuser ! » Air connu qu'en plein ciel particulièrement il aimait entonner comme s'il s'adressait directement à Dieu dont nous n'étions que des intermédiaires à peine méritants. Mais il voulait tout de même bien nous introniser dans le cercle restreint des initiés à qui il révélait ses secrets de fabrication. Il se penchait, chuchotait presque comme s'il ne devait pas être surpris : « Il faut être rapide, fulgurant, traîner sans délai devant le tribunal de l'opinion publique tous ceux qui viendraient à me manquer. Du coup, ils n'oseront pas même sortir de leurs terriers, les pleutres ! Et puis il faut avoir toujours un coup, voire plusieurs, d'avance ! »

Déjà super Sarko tirait des plans sur la comète, et nous n'étions pas peu fiérots nous non plus d'être introduits ainsi dans les coulisses de l'Histoire qui allait se faire. « À la rentrée, confiait-il, je ferai des assises du renouveau où je piquerai les libéraux de l'UDF. Je bâtirai une force nouvelle. » On n'osait même plus douter de sa réussite !

Le retour à Paris, ce soir-là, était proche. Sarkozy avait lui-même fixé ses objectifs d'atterrissage : « Autour de 18 %, ce serait pas mal, pour une campagne de sauvetage ! À 17 %, ce serait médiocre. À 16 % ce serait catastrophique. » Ce fut pire que catastrophique, un désaveu « franc et massif » : 12,82 % ! Une cinglante humiliation puisqu'il était même devancé par la liste Pasqua-Villiers (13,05 %) et écrasé par celle du PS emmenée par François Hollande (21,95 %). Dans ses pires cauchemars, ce chef de guerre n'avait pas imaginé semblable déconvenue. Michel Rocard ne s'était pas remis de ses Européennes désastreuses de 1994, et pourtant il avait dépassé 14 % ! Il ne restait plus à Sarkozy qu'à se cacher, se faire oublier, attendre des jours meilleurs.

Le soir même pourtant, juste après la sanction populaire, nous l'avons croisé. Il s'accrochait à la main de Cécilia, mais se dirigeait résolument vers le siège de campagne pour faire face et *bella figura*. « Ensemble dans les succès comme dans les échecs », s'étaient-ils promis. « Je ne vais pas vous dire que c'est une soirée agréable, lâchait-il. Si j'avais gagné, il y aurait eu plus de monde ; la victoire connaît mille pères, dit-on. Mais j'en aurais revendiqué le mérite. Cette défaite ne sera pas orpheline. Je ne vais pas me défiler comme les autres alors qu'on a perdu. J'ai ma part de responsabilité sans doute. » La part du roi. Elle fut dure à avaler.

Pendant quelques jours Nicolas Sarkozy songea de nouveau à tout laisser tomber, à aller « faire du fric, puisque la France ne le méritait pas ». Puis sa formidable mécanique à relativiser et à positiver s'est remise en route. Les grands hommes politiques ont cette capacité de rebond, d'oubli, de relecture et de réécriture du passé.

Petit à petit, il a relativisé la participation au vote, « très faible », et l'importance de ces élections mortifères. « Le scrutin européen n'a pas d'incidence nationale », décrétait-il. Il revoyait sans cesse à la hausse sa performance : « Finalement, je ne me suis pas mal débrouillé, pour une campagne de raccroc en solitaire. » Son moral de lutteur était revenu : « Personne ne me fait de reproches, et pour cause. J'ai sauvé les meubles et tout ce qui pouvait l'être. J'ai fait un score plus qu'honorable, si l'on tient compte de la fuite de Séguin, de l'absence de travail thématique préalable, du manque d'équipes constituées à l'avance, sans parler de l'inexistence des réseaux de soutien et des contradictions ravageuses du RPR sur l'Europe. » On aurait dû lui élever une statue : « À Nicolas, notre Sauveur » !

Prodigieuse souplesse dialectique, il allait jusqu'à philosopher sur la maturation qu'avait produite chez lui cet échec... qui n'en était pas un. Il se félicitait d'abord de mieux savoir ce qu'était un soufflet électoral, le mal que ça faisait quand vous le preniez en pleine tête – « pour la présidentielle de 1995, c'était Balladur le candidat ! Pas moi... » – et il dissertait sur sa meilleure appréhension des conséquences insidieuses de si cinglantes mésaventures. Mais en même temps et de plus en plus, il tordait ce revers en victoire : « J'étais tout seul dans cette bagarre que Chirac a regardée de loin ! Finalement, ce n'était pas si mal. Ce n'était pas un échec (*sic !*) ! » Il en profitait pour contre-attaquer et rappeler, au passage, que « si on ne lui avait pas tapé à bras raccourcis dessus pendant des années, il aurait été en mesure de rassembler les électeurs ». Et de conclure ses tours de prestidigitation théorico-politiques par ce constat prophétique : « J'ai appris, vous n'imaginez pas tout ce que j'ai appris. »

Et nous pouvions alors courir avec lui vers d'autres avions pour d'autres campagnes.

L'important, c'était d'être près de lui au retour. Car à l'aller, l'homme politique est toujours tendu, concentré, nerveux. Il ne vous lâchera rien, pas même un sourire. Il relit son discours. Lorsqu'il rentre, il se détend. Ses muscles, son cerveau, sa vigilance se relâchent. Les applaudissements et les compliments de ses proches l'ont dopé. Il est grisé. Ce n'est pas que l'altitude, c'est le relâchement de l'acteur après la performance. Narcisse a soif de regards et de paroles. L'entourage ne peut plus le tenir aussi serré. Il s'épanouit. Il se libère. Il dit beaucoup et jamais tout à fait n'importe quoi. Ces Européennes de 1999, en plein ciel, il les avait gagnées. Lors de la présidentielle de 2007, dans un autre avion, il reprendra la phrase que nous trouvâmes fort impudente : « Cette campagne, je la sens bien... »

Neuilly

Au début de l'an 2000, nous voilà ponctuels au petit déjeuner organisé dans une salle à manger discrète, aménagée au-dessus de la crèche municipale de Neuilly, en face de la mairie. Nicolas Sarkozy a obtenu que Jean-François Kahn nous accompagne. Il veut en effet affronter le plus implacable, le plus brillant de ses détracteurs, le jauger, lui répliquer et, qui sait, obtenir que le cofondateur de *Marianne* révise en partie son jugement.

Nous allons au spectacle.

En ces temps de cohabitation, à cette époque où règne encore sans partage la gauche plurielle, celle de la « dream team » du Premier ministre Jospin, Sarkozy est de retour, au sommet de l'affiche politique, plus tonitruant et activiste que jamais. Chirac a besoin de lui, il le sait. Le RPR a besoin de lui, il le sait. Élections présidentielle et législatives auront lieu dans un peu plus de deux ans. Sarkozy est aux aguets.

Ce jour-là, il ne s'adresse qu'à Jean-François Kahn. Opération séduction. Alors, il parle, il cause, sans répit, ne laissant personne en placer une.

« Vous savez, monsieur Kahn, je peux vous appeler Jean-François ?, nous sommes souvent d'accord vous et moi. Ça vous embête, Jean-François, je le sais, mais c'est comme ça !

» Vous condamnez les 35 heures de Martine Aubry, Jean-François [ah, il va lui en donner du Jean-François, jusqu'à la surdose], vous estimez que c'est une catastrophe industrielle, économique et financière, que la France, par idéologisme sectaire de la gauche, va en souffrir. Moi aussi.

» Vous estimez que ni la gauche, ni la droite d'ailleurs, ne comprend quoi que ce soit aux souffrances, aux ravages provoqués par l'insécurité parmi les Français les plus démunis, vous estimez que la gauche a abandonné le peuple. Moi aussi ! Et si un jour, j'en ai la possibilité, je transformerai notre politique et nos pratiques, surtout en matière de sécurité. Je vous le garantis.

» Vous écrivez chaque semaine, dans votre journal, que la pensée unique ramollit le débat dans ce pays, qu'elle censure les vrais problèmes, les oppositions authentiques. Moi aussi, je signe des deux mains et convenez au moins que, dans mon camp, je réponds à vos attentes. Je fais bouger les lignes, je pose les bonnes questions. Dites-le au moins une fois dans votre journal, faites-m'en grâce si ce n'est pas trop vous demander. »

Le plus saisissant, ce n'était pas l'argumentaire rodé comme un défilé militaire, mais la forme du propos : phrases bancales, erreurs de syntaxe ou de grammaire, liaisons parfois désastreuses ; un récital. Ou, plus exactement, un *one-man show* calibré au millimètre où même les fautes, les jongleries lexicales, les cabrioles grammaticales font partie du spectacle. D'ailleurs, Nicolas Sarkozy le sait si bien qu'il insiste jusqu'à la caricature sur ses accents plébéiens. Quelques années plus tard, il confiera à Bruno Le Maire, avant que ce dernier ne devienne son ministre : « Vous savez pourquoi je suis populaire ? Parce que je parle comme les gens[1]. » Ce jour-là, il nous en fit une étonnante démonstration. Et, pourquoi le nier, nous en étions ébahis, Jean-François Kahn inclus. La puissance Sarkozy avait repris le dessus, le déprimé du précédent rendez-vous à Neuilly en 1995 s'était requinqué.

En *live*, sans polissage, ni réécriture, le Sarkozy dans le texte, cela donnait :

« J'vais vous dire, m'sieur Kahn, j'voulais quand même vous remercier pour un truc dans *Marianne*. Jamais vous dites que j'suis facho. J'sais bien que c'est ridicule, mais toute la gauche le répète et, des fois, ça m'fait de la peine. »

---

1. Bruno Le Maire, *Des hommes d'État*, Grasset, 2007.

III
Roman d'amour

« Ma chérie... » « Mon amour... »

Ils ne cessaient de battre des ailes et des mots nos deux tourtereaux : « Ma chérie »... « Mon amour ». Et puis encore « Mon chéri... », « Mon amour... ». À la vérité, c'est lui qui donnait le tempo et le trémolo devant son public, comme s'il avait besoin du regard des gens pour célébrer et renforcer leur union. Mais elle suivait, elle convolait, entraînée. Nous assistions mi-émus, mi-gênés à leurs échanges si démonstratifs de gestes tendres, de baisers doux et de regards enamourés.
Leurs mains et leurs déclarations s'enlaçaient. « Cécilia »... « Nicolas » : ils avaient besoin de se respirer, de se toucher, de se jurer amour toujours publiquement, comme des grands ados qui ignoraient les spectateurs ou, au contraire, les convoquaient pour (se) prouver leur passion. Journalistes témoins, à la fois narrateurs fascinés et otages tourmentés de cette conjugalité. Ils allaient conquérir ensemble, ils se l'étaient juré, un Élysée plus gros que le Ritz. Comme s'ils voulaient l'un et l'autre

ignorer, mépriser, voire défier la tragédie inéluctablement liée à la conquête du pouvoir. C'était une belle romance.

Cécilia. L'ombre d'abord, élancée, puis l'arme fatale. Impossible d'y échapper, puisqu'*elle* était tout le temps là. Et si *elle* était absente, il l'appelait devant vous avant le rendez-vous, ou au sortir d'un meeting, ou juste avant le décollage de l'avion, puis à l'atterrissage : « Chérie, tu me manques... Je t'aime... Je pense à toi... » Sa voix « mélopait » dans les suaves. Lui qui peut être si dur, si tranchant, se révélait tout doux, tout miel, un peu, beaucoup. Vous tentiez alors de faire celui qui se retire sur son Aventin, vous jouiez l'absent, vous mettiez, en apparence, les boules Quiès de la discrétion sans baisser vraiment pavillon ! Il fallait suivre, ne rien perdre.

C'était tellement inédit cette *love story* revendiquée, assumée et... instrumentalisée. Nicolas Sarkozy nous l'avait confié quasiment à notre première rencontre : « Avec Cécilia, nous nous sommes juré que nous gravirions ensemble, d'abord les marches de l'Assemblée nationale, puis toutes celles qui mènent à l'Élysée. Main dans la main. » Et ils ne se lâchaient pas. Prêt pour le décollage, pendant que vous agrippiez votre accoudoir, il s'accrochait à sa main qu'elle a longue et fine. Ils s'attrapaient du bout des doigts, même lorsqu'ils étaient séparés ou que son regard gourmand s'égarait vers quelque beauté sculpturale avec un penchant pour la bimbo peroxydée. Nicolas Sarkozy restait un homme au grand appétit, vorace même, mais... un homme sentimental et de ce point de vue hors normes en comparaison de ses prédécesseurs et rivaux. Il affichait une force de sentiment romantique peu commune, doublée d'une ostentation qui bouleversait les critères de la bienséance et provoquait de forts ricanements. Alors que les autres ne poussaient l'audace que jusqu'au divorce et tenaient le romantisme pour une faiblesse infantile. N'était-ce pas sa dépendance qu'il roucoulait de manière si « immature » ? Il plaidait la vérité de sa relation quand les autres n'étaient que dans les faux-semblants.

L'épouse de l'homme politique était encore – toujours ? – une ridicule moitié. Elle devait bien tenir la maison et les gosses, participer certes de l'ascension mais à sa très modeste mesure d'assistante, d'aide ménagère, de repos du guerrier et de plante verte. Lors des réunions publiques, on la sortait sur scène, ou au premier rang, pour l'aérer, pour faire joli ! Nicolas Sarkozy, lui, ne sortait jamais sans Cécilia, réellement ou virtuellement.

Dans les conférences de presse comme dans les meetings, elle se mettait au fond de la salle. Immense et élégante silhouette qu'il ne pouvait pas ne pas voir. Il la cherchait toujours des yeux avant de la reprendre en main et d'attendre qu'elle le bouchonne de compliments alors qu'il était encore tout en sueur. Car il se donnait à fond pour ses spectateurs, journalistes ou quidams. À l'issue de sa performance, il avait un besoin d'enfant de ce réconfort féminin. « Tu as été formidable, exceptionnel, vraiment touchant et convaincant. » Les premiers mots de Cécilia étaient toujours valorisants. Plus tard, les observations critiques venaient. Elle était la seule à se le permettre, mais au moment opportun et entre quatre yeux. « Quand un boxeur sort du ring, expliquait-elle, il est fragile. Une seule remarque de travers, une remise en cause un peu vive, même douce, peuvent lui faire très mal. La critique, c'est pour plus tard. » Et pendant que Nicolas parlait tout en la fixant, quand il prenait la becquée de ses douceurs, nous avons toujours trouvé qu'il paraissait plus grand ; et ce n'étaient pas les talonnettes. Il grandissait dans son regard et, grâce à elle, pouvait voir toujours plus haut, plus loin. Ça change beaucoup, sinon tout.

C'est en le voyant dans ces yeux-là que nous nous sommes dit qu'il pourrait aller au bout... si elle ne le lâchait pas. Si le miroir grandissant ne se brisait pas. Nous avions conservé en mémoire vive le souvenir d'une scène sombre à mourir avec Michel Rocard, alors Premier ministre. Avec quelques journalistes, dont le regretté Bernard Mazières, nous l'avions accompagné en Thaïlande pour un voyage d'État. Nos échanges politiques sont restés allusifs, tout juste avons-nous eu la confirmation qu'il souffrait l'enfer avec François Mitterrand, et qu'il espérait bien qu'un jour... Mais il révéla une souffrance plus grande encore alors que nous l'avions accompagné au sommet d'un temple pour faire une photo chic et choc. Le soleil se levait, la lumière du petit matin était parfaite, telle une espérance. Le chef du gouvernement sortit un peigne de sa poche pour se recoiffer, quand son visage se décomposa. Il était ravagé de l'intérieur. Ses yeux étaient chargés de tout le désespoir du monde. Michel Rocard fixa alors Michèle, sa femme de l'époque, et lâcha, rageur, comme si nous n'étions pas là : « Je sais que tu m'as toujours trouvé laid... » Nous sûmes alors que cet homme-là ne serait jamais président de la République.

La faille intime où il s'abîmait était trop profonde. Son ressort intérieur était trop amoché. Alors que Cécilia renforçait celui de Nicolas, qui lui en savait gré. Il ne la remerciait jamais assez de son rôle d'aiguillon apaisant. Elle était pour lui une sorte de baume du tigre quand elle lui passait la main sur le front. Elle lui donnait de la sérénité en même temps que la volonté de s'élever toujours plus haut. Au prix évidemment de bien des sacrifices, de vie privée et publique, mais « ce n'est pas grave, voulait-elle croire, Nicolas est tellement formidable, il me rend tout au centuple ! ».

C'en était même déplacé à quel point il la gratifiait de remerciements et de cadeaux, de caresses aussi dans les gestes comme dans les propos, en particulier lorsque vous étiez dans le bureau de Cécilia pour prendre un café. Tout à coup, il s'invitait : « Je ne vous dérange pas ? » Elle répondait immuablement : « Jamais, mon chéri. » Ou variante : « Quel plaisir de te voir, tu n'es pas trop fatigué ? » Et lui de la chouchouter, de l'encenser et de vous prendre à témoin, alors que vous essayiez de vous faire tout petit : « Elle n'est pas magnifique ma femme ? » Il violonait à la tzigane en tourbillonnant autour d'elle, comme devait faire son père avec les femmes. On n'échappe jamais complètement à son héritage.

En même temps, Nicolas Sarkozy nous toisait en propriétaire. Il faisait le paon, le petit mec, ce qui énervait un peu Cécilia mais l'attendrissait encore à l'époque. Il l'embrassait sur les lèvres, sur le front, lui roucoulait sa passion : « Ma douce... ma tendre... mon amour... » Tout ce qu'on susurre les premiers temps. Mais leur amour, fulgurant, avec tous ses épisodes renversants – du coup de foudre le jour du mariage qu'en tant que maire de Neuilly il avait célébré avec Jacques Martin, en passant par ces années clandestines, jusqu'à leurs épousailles –, avait depuis longtemps passé la date des émerveillements. En théorie, ils n'étaient plus ces jeunes amants qui se barbouillent les joues et l'esprit de serments comme de mièvreries attendrissantes, scènes trop sucrées pour les spectateurs. Ils avaient passé l'âge où l'on s'échange des petits secrets dans l'oreille en regardant ensemble dans la même direction. Pourtant ils persistaient et signaient avec leurs mains, avec leurs lèvres. Lui surtout, en faisait tant et tant que, n'en pouvant plus, nous nous moquions et demandions à Cécilia, ironiques : « Dis donc tu ne louerais pas ton mari pour les anniversaires de mariage ? » Elle a ri, a balayé un tout petit voile de tristesse, pour dissiper les doutes qu'elle sentait chez nous sur la sincérité d'une telle parade : « Il est formidable, mon mari. Je bénis tous les jours le jour où je l'ai rencontré ! »

Il est vrai que Nicolas Sarkozy, qui ne reculait devant rien, avait appelé les Kennedy à la rescousse. Pour consoler sa femme de la vie infernale qu'il lui imposait, il l'avait affublée du mythe de « Jackie ». C'était bien choisi, ce rêve qu'elle pouvait entretenir en l'attendant quand Nicolas rentrait tard, car il détestait dormir « dehors », ce rêve qui alimentait la légende du conquérant. Systématiquement, il rôdait auprès de nous quand il nous recevait, ce conte de la modernité étoilée et qu'il aurait réincarnée. « Ce n'est pas une shampouineuse ma femme, jubilait-il, hier, elle a été applaudie par plus de mille personnes.

Vous auriez vu, la classe ! » Cette « classe » qu'il aimera toujours afficher à son bras... Et, fiérot, il enchaînait : « Cécilia, elle me fait penser à Jackie Kennedy. Pas vous ? » Et évidemment, lui c'était Mister John Fitzgerald K. Comparaison osée. Il marchait sur la lune, le petit Nicolas. La France n'était pas les États-Unis et il n'était pas JFK ! Nous ne l'avons pourtant jamais démenti. Il y avait tant de lumière dans ses yeux, que l'important n'était pas que ce fût plus ou moins exact, mais qu'il y croie, qu'il ait ce feu sacré en lui dont il nous incendiait.

Ses yeux brillaient. Il s'y voyait, dans sa Maison-Blanche, à l'Élysée, avec le petit John-John Louis en train de jouer sous le bureau où il travaillait. Les conseillers de son « staff » s'affaireraient autour de lui en manches de chemise retroussées, sa femme ferait la une des magazines du monde entier : « *Cecilia, the French* élégance ». Plusieurs années plus tard, c'est Carla Bruni qui jouera la Kennedy-Sarkozy et posera en robe rouge sur le toit de l'Élysée pour le journal de mode américain *Vanity Fair*.

La vie politique avec eux devenait un roman de couple, dont à chaque sortie il donnait à voir un nouvel épisode romantique. Ajoutant même cette touche de suspense : « Je peux parfaitement tout arrêter, du moment que c'est avec Cécilia. Quand j'ai traversé le désert (*sic !*) après l'échec de Balladur ou encore après les élections européennes qui ont été rudes, j'ai été parfaitement heureux, car nous étions ensemble. » Eh, oui : « Ensemble, tout devient possible. » Il nous la racontait, il se la racontait à merveille ! Et on le racontait, pour l'essentiel c'était de l'inédit, de la belle romance à faire vibrer les foules et les ventes des journaux. On faisait avec lui voler en éclats toutes les barrières qui séparaient le privé et le public, ces frontières convenues entre la sphère de l'intime et celle du commun. On envoyait par-dessus les moulins ces principes de civilisation qui nous protégeaient des dérives à l'américaine. À *Marianne*, on en faisait certes moins que les autres, mais on se laissait prendre nous aussi. On se demandait bien comment il serait diable possible de faire sortir les caméras de la chambre à coucher après les y avoir invitées. Mais puisque tout allait à merveille, pourquoi s'inquiéter, tant que nous ne faisions que participer d'une comédie du bonheur qui avait sa vérité ? Car ne refaisons pas l'histoire : il y avait de la sincérité dans ce récit imagé que Sarkozy inventait. Tout n'était pas faisandé, ni truqué.

Nous le testions à chaque rencontre. Et « Cécilia, demandions-nous à peine innocents, ce n'est pas trop dur pour elle ? ». Il balayait toute observation douteuse avec son enthousiasme, avec son « amour » débordant. Nous n'allions quand même pas gâcher la fête, nous montrer mauvais coucheurs, nous qui participions à cette première d'un tandem s'apprêtant à remporter le Tour de France politique. Tout juste poussions-nous l'audace dans nos papiers jusqu'à glisser cet avertissement : « Sarkozy apprendra-t-il un jour ce que Giscard n'a su qu'après sa défaite : "L'Histoire est toujours tragique" ? »

« Mes poussins sous le bras... »

Notre première rencontre avec Cécilia eut lieu en 1993, à Bercy, dans l'appartement privé du ministre du Budget, Nicolas Sarkozy. Il nous avait conviés à « prendre un verre » pour, notamment, nous la présenter. Cette grande châtain brune, qui ne s'appelait pas encore Sarkozy, était à l'époque « l'irrégulière », « l'officieuse ». Les membres du cabinet murmuraient déjà qu'elle était « influente », que « Nicolas l'écoutait beaucoup », qu'il était enfin « heureux et apaisé ». En notre présence, elle ne dit rien, pas un mot. Il en alla différemment, neuf ans plus tard, en 2002.

Après la réélection de Jacques Chirac face à Jean-Marie Le Pen, Nicolas Sarkozy était revenu en grâce, le président n'avait plus le choix. Plutôt que de le désigner Premier ministre – c'eût été cohérent – il l'avait installé au ministère de l'Intérieur. Chirac voulait lui tendre un piège ; il l'installait dans une place forte, inexpugnable, mais ça, il ne s'en doutait pas... Et Cécilia, elle, était là, toute-puissante, conseillère politique bien sûr, maîtresse ès comportements. Le Tout-Paris politique, de droite et de gauche, s'émerveillait de son rôle. Si Sarkozy était aussi brillant place Beauvau, il le lui devait en (très) grande partie. Elle ne faisait pas que l'apaiser, elle l'ouvrait aux femmes battues, aux femmes immigrées avec Rachida Dati, aux hommes de gauche aussi et aux journalistes indociles. Et voilà que la Dame d'influence souhaitait nous rencontrer. Parce que *Marianne* l'intriguait : pourquoi étions-nous donc si hostiles à la démarche politique de son mari ? Pourquoi, alors que, précisément, nous entretenions, depuis fort longtemps et parmi les premiers, d'excellentes relations personnelles avec lui ?

Rendez-vous est donc fixé, en ces premiers jours de septembre 2002, pour partager un petit déjeuner au Bristol, le palace de la rue du Faubourg Saint-Honoré, à quelques pas du ministère de l'Intérieur. Lieu symbolique s'il en est que cette annexe du sarkozysme déjà triomphant, ce sarkozysme que nous n'allions plus tarder à qualifier de « bling-bling », ce mélange permanent des genres, du service de l'État au luxe le plus ostentatoire. Et voilà que Cécilia Sarkozy en donnait déjà une preuve irréfutable.

Elle arrive à pied, encadrée par... quatre gardes du corps, quatre policiers en civil, l'œil aux aguets. Démonstration de force ? de toute-puissance ? de parano ? Tout cela à la fois. Deux flics font le planton devant l'entrée de l'hôtel, les deux autres s'installent aux abords du jardin où nous devisons. Une femme de tête, comme on dit, prenant fort au sérieux son rôle de conseiller, s'interrogeant sur nos « *a priori* » à l'encontre de « Nicolas ». « C'est étrange, n'est-ce pas, d'autant plus étrange que Nicolas m'explique sans cesse qu'il entretient de bonnes relations avec vous. » Nous défendons *Marianne*, mais sans passion. Face à elle, pourquoi s'expliquer ou se justifier ? Qui est-elle, au juste ? L'épouse du ministre de l'Intérieur ? la femme du candidat à la prochaine élection présidentielle dans... cinq ans ? une conseillère politique de premier plan prenant une part déterminante à la construction d'un projet ambitieux dont nous savons qu'il vise à détruire tant de valeurs que notre journal défend ? La discussion avec elle est pourtant plaisante, utile aussi. Elle permet de lui signifier au passage que la politique dite « répressive » de son mari ne nous effarouche pas par principe, que l'angélisme de la gauche sur l'insécurité nous désespère... Mais Cécilia Sarkozy, en ce moment précis, incarne aussi le mélange des genres à la française.

Elle arrête de parler, prend la pose, regarde intensément son interlocuteur, un rictus au coin des lèvres, hyperconcentrée. Qu'a-t-elle soudain de si important à nous dire qui mérite ce surcroît de tension, d'anxiété, visible à l'œil nu ?

« Vous savez, je me fiche éperdument du pouvoir. Si jamais j'apprends que Nicolas me trompe, je le quitte aussitôt, je prends mes poussins [ses trois enfants] sous le bras et je m'en vais, quelles qu'en soient les conséquences ».

Mais pourquoi nous raconte-t-elle cela, pourquoi nous installer de force dans cette intimité ? Nous nous connaissons à peine ; nos relations avec Nicolas Sarkozy n'ont aucun caractère privé – nous n'avons, par exemple, jamais dîné ensemble. Lorsque nous nous rencontrons, nous parlons politique et n'avons jamais abordé aucun sujet sur nos couples, sur nos familles. Alors, quel est le sens de cette confidence aux accents de sincérité ? À cette époque, ces interrogations nous ont semblé subalternes ; à vrai dire, elles ne nous intéressaient pas. S'agissait-il d'un exhibitionnisme joué et surjoué afin de rendre les journalistes témoins et complices d'une vie construite autour et pour la conquête du pouvoir ?

Elle s'aperçoit de la gêne, de la stupéfaction à être ainsi associé à cette intimité qui, par définition, par exigence, nous est étrangère et doit le rester. Elle n'insiste guère [« Si, si, je suis sérieuse, vous savez »] et revient à sa fonction, à son métier, à son rôle d'épouse-conseillère : « Vous vous trompez sur Nicolas. Il a des idées, une vraie conception de la France, une relation intime avec les Français. Il s'améliore de jour en jour. » Nous ne sommes pas loin de penser comme elle, même si « cette conception de la France » ne sera jamais la nôtre. Face à Cécilia, nous réfléchissions politique, stratégie, idéologie, histoire de la France et des Français, corpus républicain et nous avions tort. Nous nous égarions. Ce jour-là, dans les jardins du Bristol, nous étions passé à côté de l'essentiel : Cécilia, sans le comprendre elle-même, venait de nous livrer la nature du sarkozysme, les clefs d'un système minutieusement construit à deux, l'intime et le politique enchevêtrés jusqu'à la nausée. L'intelligence et l'obscénité de comportement maçonnées ensemble. Les Français le découvriront plus tard. Trop tard.

Elle se lève. Les deux cerbères aussitôt l'entourent. Elle s'en va, la démarche altière. Ils prétendent incarner à leur tour, un jour, Nicolas et Cécilia, la République, la Vᵉ République, celle du général de Gaulle et de Tante Yvonne. La tête nous tourne. À l'une de ses meilleures amies, nous raconterons ce que Cécilia nous a confié. Elle n'a jamais voulu nous croire.

La lionne au combat

Journaliste au service Économie de *Marianne*, Emmanuel Lévy propose à la direction du journal, en octobre 2004, d'enquêter sur la situation professionnelle paradoxale de Nicolas Sarkozy. De quoi s'agit-il, précisément ? En 1987, l'avocat Sarkozy a créé un cabinet avec deux associés ; devenu ministre, il s'est fait aussitôt « omettre » du barreau. Toutefois, une loi de 2001 l'autorise à rester actionnaire de la société, raison pour laquelle il a touché 35 000 euros de dividendes en 2002. C'est moins la somme – modeste pour un avocat d'affaires confirmé – qui intéresse le journaliste de *Marianne* que le fait que le cabinet puisse continuer – en toute légalité – à utiliser son nom. Ainsi, fait remarquer Lévy, quand un plaignant passe par le cabinet Bernard Claude-Nicolas Sarkozy pour lancer une assignation, celle-ci est frappée au nom du... ministre de l'Intérieur. Une pression maximale et... légale. Limite aussi, si l'on s'en tient à la morale républicaine. Le ministre de l'Intérieur intervient indirectement de par sa seule identité, dans une affaire de justice qui, conséquemment, lui rapporte (un peu) d'argent. D'où la question de bon sens posée par Lévy : « Le service de l'État est-il compatible avec l'utilisation d'une marque ? » Et, précision apportée par le même Lévy : « Selon l'Ordre des avocats : oui. » Avant d'écrire l'article, le journaliste de *Marianne* prend, comme il se doit, contact avec le cabinet de Nicolas Sarkozy. C'est alors que Cécilia entre en scène.

Chez les sarkozystes, quand il y a un coup de tabac, on ignore le « petit personnel ». On s'explique directement avec les chefs et on tente de « dealer » avec eux. Cécilia se lance donc à notre assaut.

D'abord, elle passe par un ami commun – avocat – dont elle sait que nous suivons volontiers les avis. Il a jeté un coup d'œil sur le dossier et tout lui semble « clean, légal ». Moral ? C'est une autre affaire sur laquelle il n'a pas d'avis. « Mais elle veut vous parler, vous expliquer, vous convaincre. Et sur ce point, je suis d'accord avec elle : Nicolas n'est pas malhonnête, l'argent ne l'intéresse pas, la politique et le pouvoir, oui. » La sarabande peut débuter : nous sommes lundi après-midi, l'article de Lévy partira à l'imprimerie mercredi soir, dans un peu plus de quarante-huit heures. Pas le temps de convaincre et de séduire en face à face. Ce sera donc le téléphone, toutes les heures, deux jours d'affilée. Efficacité du soldat. Elle ne lâche rien. Jamais. Son mari-candidat, son candidat-mari, qu'importe l'ordre, elle le défend avec acharnement, détermination et violence. Violence verbale, violence des arguments et des précisions apportées. Elle ne commet pas l'erreur de déraper. Elle sait se tenir, chacun à sa place. Lui en est incapable, elle le sait et en souffre. Mais elle l'excuse à jet continu :

« Nicolas se bat pour ses idées, pour la France, pour les Français. Ses méthodes, son comportement, ses mots et ses attitudes ne sont peut-être pas orthodoxes... Qu'importe, il est sincère, tellement sincère. On lui donne tellement de coups, il en rend. Quelques-uns. Allez, revenons-en au dossier. Il est vide, ce dossier. Vous n'allez tout de même pas le massacrer avec un dossier aussi bidon, ce ne serait pas digne de vous. *Marianne* ne peut tout de même pas se prêter à n'importe quelle manœuvre. »

Elle appuyait juste où le bât blessait. Le journal était partagé en effet entre deux lignes éditoriales et Cécilia l'avait compris. Certains estimaient que le fait d'être en règle avec la loi n'empêchait en rien le scandale : il était extravagant de voir un ministre de l'Intérieur se servir de son patronyme pour gagner de l'argent en quelque sorte par intimidation. D'autres jugeaient que la loi était respectée à la lettre, sinon dans l'esprit. Il fallait donc traiter cette affaire en évitant de surjouer. Ce sera le cas. Du coup, ceux qui, à *Marianne*, auraient souhaité que nous en fassions davantage, ceux-là nous soupçonnaient d'être tombés dans le piège Cécilia, d'avoir fini par admettre sa logique, de nous être rangés à ses arguments, bref d'avoir succombé aux délices et aux pièges de l'endogamie, cette vie professionnelle en commun qui prive les journalistes d'une partie de leur liberté.

Cécilia avait su y faire. La preuve, la double preuve : non seulement *Marianne* avait retenu sa plume, mais le ministre de l'Intérieur n'avait pas eu besoin de monter au front, encore moins de s'expliquer. Elle avait réussi à le tirer d'affaire. Mission accomplie. « Elle est celle qui est le plus à même de protéger Nicolas de ses propres démons », écrit la journaliste Anna Cabana[1]. Rien à ajouter, sinon que, depuis, le cabinet d'avocats a été débaptisé pour devenir Bernard Claude et associés. La prudence en politique est décidément mère de toutes les vertus.

---

1. *Cécilia*, Flammarion, 2008.

« C'est trop dur »

Cécilia était en retard. Ce n'était pas son genre. L'exactitude était pour elle la politesse des reines. C'est elle qui avait souhaité ce déjeuner en compagnie de Michèle Fitoussi, éditorialiste vedette à... *Elle*, mais aussi romancière de talent et essayiste célèbre pour son *Ras-le-bol des superwomen*. Ajoutons qu'elle est l'ancienne femme de l'un des auteurs, Nicolas Domenach, avec lequel elle entretient deux enfants « délicieux »... et des relations aujourd'hui chaleureuses. Chaque détail faisait sens pour l'épouse de Nicolas Sarkozy, elle-même confrontée à la réalité, parfois explosive, des familles recomposées qui ne sont souriantes et harmonieuses que sur papier glacé. Mais pour l'heure, Cécilia se faisait attendre.

Nous lui prêtions volontiers des circonstances atténuantes. Elle préparait en ce mois de novembre 2004 le sacre de son mari au congrès de l'UMP, l'envol du Bourget, avec sons et lumières auquel travaillait un publicitaire du nom de Richard Attias. Faut-il préciser que nous ne savions rien de la relation passionnelle qui se nouait alors entre eux, que nous ne l'imaginions même pas ? Longtemps nous nous refuserons d'ailleurs à croire que le lien si particulier, si sentimental entre Cécilia et Nicolas puisse être rompu. Nous aurions d'ailleurs parié cher, ensuite, qu'elle reviendrait.

Pourtant...

Pourtant Cécilia arriva enfin au Perron, à une portée de clocher de Saint-Germain-des-Prés, où la cuisine, comme le patron, chante italien. Confuse, elle s'installait, mais comment dire, c'est comme si elle n'avait pas été complètement là. C'était bien son sourire, chaleureux et avenant, quand elle voulait se dégeler. Et puis ses santiags et son jean, sa marque rebelle, et son pull beige en cashmere, sa marque confort tendance luxe. « Désolée, vraiment », elle se lovait sur la banquette et dans la conversation, mais en gardant toujours un brin de distance. « La pression, s'excusait-elle en massant ses tempes. Trop de pression... »

Nous songions alors à ce dîner étrange que nous avions partagé avec elle et son mari quelques semaines plus tôt chez Luc Jacob-Duvernet, un ami éditeur, et auquel participait un patron de journal de gauche, ainsi qu'un grand flic du ministère de l'Intérieur. Ses yeux étaient écarquillés, tandis que Nicolas Sarkozy évoquait l'affaire Clearstream et les « manigances de Villepin » : « C'est effrayant, répétait-elle, c'est effrayant, jusqu'où ils sont capables d'aller »... Sa bouche était crispée, comme ses traits. Son effroi paraissait rien moins que feint.

Nicolas Sarkozy plastronnait. Il daubait même sur les Chirac. À la maîtresse de maison qui lui demandait ce qu'il pensait de cette famille, il répondit tout à trac : « C'est une famille de oufs ! » Mais dans Clearstream, il était la victime, un beau rôle qu'il n'avait guère coutume d'endosser. Il ne se laisserait pas « égorger sans rien dire, sans rien faire ». Fier-à-bras tout à son combat. Sans percevoir l'ampleur du trouble de son épouse, il ne parlait que de lui et affectait de prendre pour distinction plus que pour alarme « ces attaques et manips ignobles » : « Villepin et Chirac veulent se débarrasser de moi parce que je suis dangereux, se félicitait-il presque. Si je ne leur faisais pas peur, ils ne monteraient pas des complots à la noix. » Enfin, il ne les prenait pas tout à fait à la légère, ces complots, puisqu'ils constituaient, selon lui, l'indicateur sismique du tremblement de terre politique qu'il représentait ! Il martelait même : « Ils veulent me tuer, mais ils ne m'auront pas ! » Il faisait le fiérot. Et Cécilia, elle, frissonnait. Elle nous avait murmuré son désarroi : « Je n'avais jamais imaginé cela. C'est trop dur. » On évoqua ensuite des montages photo, mais elle n'en a pas dit davantage ce soir-là, juste cette confidence troublante que nous gardâmes pour nous jusqu'à ce déjeuner italien, qui devait nous permettre d'en savoir davantage.

Mais elle n'en confia guère plus, du moins dans le détail, car sur le fond, elle rendait l'âme : « C'est tout ce que je déteste dans la politique. » Nous n'en parlâmes donc pas plus avant, puisqu'elle « ne supportait pas ! ». Nous fûmes beaucoup plus bavards sur l'impossible réussite des familles recomposées et sur l'évolution « escargotte » du statut de femme. Cécilia souffrait des rapports parfois tendus, voire conflictuels, avec ses beaux-enfants : Pierre et Jean Sarkozy, deux garçons qui avaient été blessés du divorce de leur père. Ils avaient du caractère, elle n'en manquait pas. Ils la trouvaient « froide, autoritaire » ; elle ne supportait pas leurs écarts et leur refus de lui reconnaître quelque autorité que ce fût. Elle ne comprenait pas que Nicolas ne comprenne pas, qu'il persiste à ne pas saisir combien tous ces cahots de l'existence pouvaient l'affecter, la commotionner. La meurtrir.

Ce jour-là tout particulièrement, Cécilia avait « le masque ». Elle se sentait épuisée par ces tensions internes. Elle était inquiète, anxieuse même de l'avenir de leur fils, Louis. La vie au ministère de l'Intérieur avait certes offert beaucoup de commodités, mais qui se révélaient déstabilisantes. Vous voudriez, vous, être gardés en permanence place Beauvau, avec le sentiment angoissant que des ennemis rôdent partout autour ? Comment un enfant peut-il grandir droit entre des policiers « nounous », qu'on changeait fréquemment pour qu'il ne s'y attache pas trop ? Elle s'était beaucoup « battue », affirmait-elle, pour parvenir à faire vivre ensemble tout son petit monde, mais les filles qu'elle avait eues avec Jacques Martin se sentaient « mal à l'aise », et elle avait le blues de leur mal-être. Elle se demandait s'il ne vaudrait pas mieux qu'elle aille passer du temps avec son aînée, Marie-Jeanne, à Londres. Tout cela lâché à mi-mots pour ne pas s'appesantir sur sa détresse. Elle était aussi pudique qu'il était ostentatoire.

Pourtant, elle ne baissait pas les bras, ce n'était pas son genre. Mais elle ne se projetait pas dans l'avenir. Pas un instant. « Première Dame de France demain ou après-demain ? » Elle ne s'y voyait pas. Ses pensées galopaient ailleurs. Elle ne parlait pas encore de son rêve, courir en survêtement dans Central Park à New York, plutôt que de faire la reine mère à l'Élysée ; mais elle devait déjà s'échauffer intérieurement, ou plutôt piaffer.

Michèle Fitoussi la découvrait un peu interloquée. Elle s'attendait à rencontrer une guerrière droitière, et voilà que Cécilia se recroquevillait sur sa banquette, se pelotonnait dans la douceur de sa laine. Parfois, elle se redressait en lançant des coups d'œil et de mèches, en même temps que quelques propos incandescents sur la « médiocrité insigne » des hommes politiques et leur mépris crasse du sexe féminin. Cécilia ne savait pas qui elle était, mais elle ne serait jamais une potiche.

Elle considérait même qu'il fallait être individuellement rebelle pour faire avancer la cause des femmes, et certainement pas « attendre des lois pour qu'elles règlent vos problèmes à votre place ». Ce n'était pas la position de Michèle Fitoussi, plus féministe sociale, et qui la brocardait gentiment : « Je comprends qu'il faille être rebelle quand on a épousé Nicolas Sarkozy. Il faut quand même survivre. » Cécilia souriait, mais à moitié seulement. Elle ne protestait qu'à peine, pour la forme. Mais il n'y avait plus de « mon chéri, mon amour ». Elle ne chantait plus cette chanson. Elle n'évoquait qu'à peine son nom.

On riait bien un peu, mais elle ne parvenait pas à chasser totalement les nuages qu'elle avait dans la tête. Ses yeux avaient la couleur des mers quand le temps semble virer à l'orage. Et pourtant, elle a quitté ce restaurant comme à regret. « Il y a ce congrès, il faut vraiment que j'y aille. »

Elle est partie. Nous nous sommes un peu attardés avec le patron avant de sortir dix minutes plus tard. Il promettait de recevoir bientôt des truffes blanches, des « *tartufi d'Alba* ». Ça mérite le respect. Quand enfin nous nous sommes retrouvés dehors, Cécilia était toujours dans sa voiture, au téléphone, la tête inclinée vers le volant. Elle a levé les yeux sans nous voir. Ils étaient bien passés à l'orage.

L'après-midi, Cécilia a rappelé pour remercier du déjeuner. « J'ai passé un moment très agréable. J'ai respiré. » Et puis elle a ajouté cette phrase, prise sur le moment pour de la simple politesse : « Tu sais, Michèle, c'est une femme vraiment exceptionnelle ! Elle a réussi sa vie ! »

Chez lui

Ce samedi après-midi, quelques mois avant l'élection présidentielle de 2007, il tenait à nous inviter dans son appartement, un duplex de Neuilly, précisément sur l'île de la Jatte, ce nouveau quartier bobo branché, colonisé depuis sa construction par les publicitaires. C'est là que Cécilia et Nicolas avaient décidé d'acheter un appartement, de s'installer, d'élever leur fils, Louis. Comme un pied de nez à l'autre Neuilly, celui des beaux et des grands boulevards, celui des vieilles familles dissimulées derrière les hauts murs épais des hôtels particuliers. Il nous servait lui-même un thé. Pas de domestique, Cécilia et Louis absents, deux policiers discrets sur le trottoir en face de l'immeuble, et nous nous souvenons lui avoir dit que s'implanter dans ce Neuilly-là, celui des nouveaux riches – non, l'expression est inutilement péjorative, celui des riches récents –, correspondait à son histoire, à son parcours, à son besoin de conquête sociale. Il buvait du thé, et il a ri.

« Non, vous vous gourez. Si nous sommes devenus propriétaires ici, c'est que je n'avais pas les moyens d'acheter ailleurs dans Neuilly. Je consacre ma vie à la politique depuis bien des années, mais j'ai travaillé aussi, je suis avocat, j'ai un cabinet, j'ai gagné un peu d'argent, en travaillant je le répète. » Il commence à s'échauffer.

Il reprend, montrant de la main une commode, une table basse, des chaises : « Personne ne m'a donné tout ça. C'est à moi. Rien à voir avec la politique non plus. C'est à moi, grâce à mon boulot. » Cette heure et demie que nous allons passer ensemble est aussi passionnante que révélatrice. Il ne nous a pas conviés pour parler politique, pour analyser une fois encore sa relation à Jacques Chirac, pour élaborer à haute voix et avec une méticuleuse précision sa stratégie pour conquérir l'Élysée. Non, il n'exprime qu'une envie, cet après-midi d'hiver : nous parler de lui, nous entretenir de Nicolas Sarkozy, de ses désirs, de ses tourments. Sinon, il n'insisterait pas avec tant de force sur l'importance de cet « appartement qui est à moi » et dont il ne nous épargnera aucune commodité ! « Personne ne songe à te le piquer », nous surprenons-nous à lui rétorquer.

« La politique, ce n'est qu'un passage dans une vie. J'adore la politique, j'ai un projet pour mon pays, mais il y a aussi tout le reste... » Le reste ? Dans son esprit, cela se résume – il suffit de l'écouter attentivement cet après-midi-là – à une conception à la fois active, suractive, hyperactive de l'existence. Une conception jouissive et accumulatrice. Pour atteindre ce nirvana – de beaux objets, de beaux meubles, de beaux cigares, de belles voitures – il est indispensable de gagner de l'argent. Après la politique, le jour venu, bien sûr, après avoir assouvi le besoin de pouvoir. Il n'y est pas, pas encore. Ce sera pour bientôt et cet appartement sur l'île de la Jatte lui sert de refuge dans un entre-deux : d'abord l'Élysée, ensuite la puissance offerte par l'argent.

C'est sans doute la première fois qu'il nous reçoit sans aucune envie de parler politique. Il tient à nous montrer « chez lui », comment ça respire et fonctionne « chez lui », qu'il y a un « chez-lui », qu'il l'a conquis ce « chez-lui », avec son argent gagné sou après sou, hors politique. De tout cela, il est fier. Il le dit avec force, avec flamme, et il en est presque touchant. « Vous savez, je suis capable de faire autre chose que de la politique. » Comme un *leitmotiv*. Sa sincérité ne semblait pas feinte.

À chaque instant, nous guettions l'apparition de Cécilia. Lui aussi. L'autre objectif de cette invitation à boire un thé, c'était de marquer le retour de l'épouse, de le rappeler, de le marteler. « Elle fait des courses avec Louis, elle va arriver... » Il y tenait, il le répétait entre deux remarques sur la qualité et la beauté de « ses » meubles achetés avec « son » argent. Et pourtant...

Pourtant, il régnait en cet endroit une atmosphère désincarnée. Tout était posé, rien ne vivait. Et le maître des lieux, volubile, amical, attentif aux autres – ce n'est pas coutumier, on l'a vu – s'y déplaçait avec maladresse, se cognant contre les coins des meubles. Comme si, en fait, ce n'était pas – ce n'était déjà plus ? – tout à fait « chez lui ». Malaise. Face à nous, il forçait le trait pour nous prouver que tout, dans son couple, allait et irait pour le mieux, que Cécilia – référence de chaque instant – était revenue, vraiment revenue, qu'elle avait repris la vie et les fonctions d'avant, c'est-à-dire au centre, omniprésente, donnant son avis sur tout et tous. Il parle, il bouge, il se démène – pour nous convaincre de cette version. Il n'y parvient pas. Parce qu'elle est là, oui, bien sûr, nous le savons, mais que cet appartement, à ce moment précis-là, est vide en dépit de tous ses objets et de tous ses efforts. Or, il s'agite en vain. Veut nous faire croire. Veut nous persuader. De quoi ? Du retour de Cécilia. Du coup, il nous a conviés dans son antre. Et il obtient le résultat... inverse. Il le sait, il le sent, il s'en veut. Nous buvons du thé et la crispation s'installe. Chacun perçoit qu'il vaut mieux, bien mieux, rompre là.

Curieuse volonté de mélanger les genres, de jouer l'intimité et la complicité. « Vous et moi, on se comprend, on est de la même génération, vous connaissez l'Histoire et mon histoire, pas comme ces jeunes journalistes qui, désormais, m'entourent. Je n'ai pas grand-chose de commun avec eux. Vous, vous savez d'où je viens. »

Vient-il d'ici, de cet appartement faussement bourgeois, faussement doré où il exhibe outrancièrement son « bonheur » ? Personnalité complexe, étrange, attachante aussi. Besoin qu'on l'aime, qu'on le lui dise, qu'on le lui montre. Ce n'est pas notre rôle, il le sait, mais ne peut s'en empêcher. Il nous a dragués, un samedi après-midi à Neuilly, autour d'une tasse de thé...

IV

En campagne pour l'Élysée

L'inconsolable de Matignon

C'était une de ces soirées de l'hiver 2001 à ne pas mettre le nez, ni le chien, dehors. Or Nicolas Sarkozy battait la campagne pour Chirac et, évidemment, pour lui-même. Objectif(s) ? La réélection du président sortant et l'hôtel Matignon pour celui qui s'était auto-intronisé grand chef de la bataille électorale. De la fumée blanche lui sortait par les naseaux et par la bouche. Le cheval d'orgueil cavalcadait en grande banlieue parisienne, mais ce pouvait être aussi en province ou à Paris. « On me demande partout, jubilait-il. Je suis celui qui réconcilie la droite et qui peut la faire gagner. Le prix de la victoire, ce sera ma nomination comme Premier ministre ! » Le maire de Neuilly avait même la coquetterie d'ajouter : « Matignon, c'est pour moi, mais ce n'est pas une récompense que j'attends, ni un bonheur. Je sais qu'on ne peut pas être heureux à ce poste et qu'il ne faut pas avoir vocation à durer. On a deux ans pour faire quelque chose, Édouard Balladur et Michel Rocard l'ont prouvé. Après, on est mort. On n'a plus d'idées, plus d'imagination. »

Nicolas Sarkozy s'était préparé pour cette haute fonction. À la vérité, il y songeait depuis... 1995. Quand, ministre du Budget, il poussait Édouard Balladur vers la conquête qu'il croyait irrésistible de l'Élysée, il pensait en être récompensé par cette noble distinction. Il aurait eu quarante ans à Matignon, après tout ce n'était que deux années de moins que Jacques Chirac lorsque Valéry Giscard d'Estaing l'y avait nommé. Nicolas Sarkozy avait eu le temps de rôder ses idées et de hiérarchiser ses priorités : l'ordre, le travail, la famille, la sécurité déjà... Premier ministrable réfléchi, il avait également bouclé son cabinet, et dans toutes les réunions, dans tous les meetings où nous n'avions pu l'accompagner, il faisait triompher son apologie de la droite comme de lui-même : « Pour faire gagner nos idées, il faut arrêter d'appliquer celles de nos adversaires », martelait-il. Déjà, il parlait de « rupture ».

Ses références au président n'étaient pas inexistantes, mais de convenance. Ce champion de sa cause se citait et se célébrait d'abord lui-même : « Comme je l'ai écrit dans mon livre, *Libre*, il est temps de se libérer des 35 heures ainsi que de nos complexes vis-à-vis des socialistes. » La droite décomplexée, c'était lui, qui, sur le chemin du retour, confiait ensuite sans détours à l'arrière de sa voiture qui « traçait » à toute allure – il ne savait pas aller lentement – : « De toute façon, je sais qu'ils ne me donneront rien, il faut donc que je leur arrache tout, que je m'impose. Si Chirac me téléphone tous les jours pour me demander conseil, c'est bien qu'il a besoin de moi, qu'il ne peut plus se passer de moi. » Mais le chef de l'État avait besoin de lui jusqu'où ? Jusqu'à Matignon ? C'était quand même exiger beaucoup !

Nicolas Sarkozy, et il n'appréciait guère que nous le rappelions, sentait encore le soufre. Il exhalait toujours la « traîtrise » de 1995. Le mot lui était odieux. Au fond, ce garçon aurait tant aimé qu'on l'aime ! Il aurait tant voulu que Chirac d'abord et ses adversaires aussi le considèrent, l'adoubent. Complexe de l'enfant de divorcés dont le père était absent, paraît-il. Il aurait été désarmé par la gentillesse. Quand Chirac l'a décoré un jour, devant Cécilia, il en était tout remué. Un gamin qui s'agitait dans tous les sens pour cacher son émotion. Et si « Sarko », en dépit de son nom qui faisait entendre un bruit de sabre, était aussi un tendre ?

Avec lui, les chiraquiens ne faisaient pas de sentiment, rien que du dissentiment. Ça l'exaspérait, ça le braquait. « Je n'ai trahi personne, répétait-il furieux. S'ils sont venus me chercher pour que je m'occupe du parti et que je contre "ce fou de Séguin", comme ils disaient, puis que je prenne la tête de liste aux élections européennes de 1999, c'est que je n'étais pas un salopard et qu'ils n'avaient pas mieux que moi sous la main ! » Il ajoutait rituellement « qu'on me juge à mes actes, j'ai toujours respecté mes engagements ». Un pacte avec Chirac, il l'aurait signé. Des deux mains. Et il l'aurait respecté. Croix de bois et croix de Lorraine, s'il ment, il va en enfer ! Touchante sincérité. Mais tout de même, prétendre devenir l'homme de confiance du président réélu ? Il y avait quand même un fossé vertigineux à franchir, un passif monstre à effacer.

Il balayait d'un seul argument l'objection, avec un sourire à la fois mutin et carnassier : « Je suis le meilleur ! » La remarque ne souffrait pas la contradiction. Il s'esclaffait. « Vous me direz que ce n'est pas difficile et je vous l'accorde : Raffarin, c'est rien ! Fillon, c'est un mou et un moins-que-rien ! Barnier, c'est encore moins que le moins-que-rien ! Quant à Juppé, il n'est pas en situation et il a dit qu'il me soutiendrait. » À ce moment, Nicolas Sarkozy s'y voyait déjà ! Pourtant les femmes de Chirac, Bernadette et Claude, mobilisaient à fond contre lui. Et François Fillon aussi qui nous racontait sans fard, dans une autre voiture, sur une autre route, de retour d'un autre meeting : « Il faut éviter à tout prix Sarkozy à Matignon. Je l'ai dit à Chirac : "Nommer Sarkozy, ce serait mettre la barre à droite toute et la nouvelle bataille présidentielle commencerait immédiatement." » Le futur Premier ministre de... Nicolas Sarkozy ajoutait aussi, ce qui ne manque pas de piment rétrospectivement : « Il n'a quand même jamais gagné une élection nationale sur son nom. »

Billevesées que tout cela ! L'avocat d'affaires était si éloquent lorsqu'il plaidait sa propre cause qu'on se demandait s'il ne finissait pas par se convaincre lui-même, car il avait toujours la parade, l'argument de contre et celui d'attaque ! « Le Premier ministre ne doit pas être un employé ni un collaborateur du chef de l'État, (se) défendait-il. On l'a vu dans le passé : toutes les doublures présidentielles ont desservi le président. Alors que par exemple Pompidou avec de Gaulle, ça fonctionnait. Il faut que le chef du gouvernement ait son autonomie, sa force propre, pour apporter quelque chose. » On mesure l'évolution, sidérale, avec sa conception d'aujourd'hui. Mais à l'époque, il reconfigurait Matignon pour lui. Dans l'autoportrait de l'homme idoine, du « *right man* » pour la « *right place* », Sarkozy était The King : « Je suis à droite, Chirac est au centre, relevait-il, donc on se complète, on se renforce ! » CQFD.

Comme nous manifestions quelques ultimes réticences, il sortait sa botte secrète en nous demandant... le secret justement. À la demande de l'Élysée, il avait rédigé une note de gouvernement qui avait obtenu... la meilleure note ! « Villepin m'a félicité », jubilait-il. Le secrétaire général de l'Élysée avait même cru bon d'ajouter cette remarque en marge : « C'est le meilleur programme », alors que « Raffarin a fait la démonstration par écrit qu'il était sous-dimensionné ». Là, nous étions bluffés. D'autant que le secrétaire général du Palais confirmait les dires de Sarkozy. Sauf que c'est le minus, l'âne bâté, « le baudet poitevin », Jean-Pierre Raffarin, donc, qui l'a emporté, avec ses airs de « rien » justement !

Le sénateur de Poitiers, avec son « côté bas de plafond », comme il disait, avait appliqué à la lettre la leçon corrézienne de Chirac : faire profil bas. La jouer à la bonne franquette, bon gars sympa, qui n'est pas au-dessus des autres mais sur lequel on peut compter en cas de besoin. Raffarin avait l'immodestie de vouloir paraître modeste quand Sarkozy relevait qu'il « avait l'orgueil de l'humilité » mais rapportait tous les mérites à sa personne, au point de donner l'impression que c'était lui qui allait gagner l'élection présidentielle et non le candidat en titre.

Ce fut donc « Raffarien », le choix « de la médiocrité » selon Sarkozy. Le président lui préférait n'importe qui en somme. Un choix douloureux pour lui. En apparence, Nicolas Sarkozy s'en est vite rétabli ; en réalité jamais il ne s'en est remis ! Sa blessure narcissique originelle s'est ravivée. Pourtant, comme il portait beau !

Dans nos notes de l'époque, la contradiction est flagrante entre la morgue plastronnante et la mortification intime. Le ministre de l'Intérieur, numéro 2 du gouvernement, au premier abord, paradait et se prétendait fort satisfait de son sort : « Je n'aurais rien obtenu si je n'avais pas demandé le maximum. Quand je songe qu'ils voulaient m'éliminer à jamais de la vie politique, je suis désormais devenu incontournable. Ils ne me serraient même pas la main, maintenant ils se battent pour être sur la photo avec moi ! » Sourire « Colgate ». Une publicité vivante pour lui-même. Et cette expression qui revenait à chaque promotion : « Quelle revanche tout de même ! » sans que l'on sache précisément sur qui ou sur quoi il la prenait. Il en rajoutait : « Dans le regard des gens, j'ai obtenu le statut de premier ministrable. Le pouvoir, s'enorgueillissait-il, se conquiert lorsqu'on l'incarne. » Sa promotion serait donc une question de temps. Il suffisait qu'il réussisse à l'Intérieur, ce qui ne ferait pas un pli bien sûr ! Il ne doutait de rien : « J'ai hérité du principal dossier, la lutte contre l'insécurité, et je saurai m'en servir. Les Français attendent de moi des miracles ; je ne les décevrai pas. » Il lui suffira en effet de vingt-quatre heures pour faire son Cinémascope de « médiacteur » sécuritaire hors pair. Il aimantait les caméras et s'éblouissait de se voir si « bleu » en ce miroir médiatique. Mais en même temps...

En même temps, il exhalait de la frustration, de la rage, de l'incompréhension froissée quasi enfantine devant cette exclusion qui lui semblait « profondément injuste ». Matignon aurait dû lui revenir. Il s'indignait auprès de ses proches qui l'appelaient pour le féliciter : « Non, je ne suis pas satisfait. C'est un... con qui se trouve en face, rageait-il. On va perdre beaucoup de temps. » Mais si Raffarin était aussi « con », pourquoi l'avait-il emporté ? Le ministre de l'Intérieur avait ses explications historiques et psychologiques de confort.

D'abord, les conditions objectives avaient été contre lui : « Jusqu'au jeudi des grandes manifestations de la jeunesse contre Le Pen, qui était l'adversaire du second tour, c'est moi qui devais décrocher Matignon. La mobilisation de la gauche et du centre a fait pencher la balance en faveur de Raffarin, d'apparence et de réputation plus modérées, ce qui est une erreur. Mais les bien-pensants de la classe médiatico-politique poussaient en ce sens. » Il est souvent revenu sur ce point par la suite, car il en tirait gloriole. S'y ajoutait la psychologie particulière du président : « Chirac a eu peur. On lui a fait peur. Je lui ai toujours fait peur. » Il tirait sa force de cette peur-là, qu'il inspirait et dont il faisait semblant de se réjouir : « Le président a besoin d'être rassuré. Il lui fallait quelqu'un de commode, qui ne le dérange pas. Une serpillière. Moi, j'étais trop incontrôlable ! »

Au fil des jours et de nos entretiens, cette considération sur le Premier ministre d'inconfort qu'il représentait s'accompagnait de toujours plus de fierté et... d'agacement, voire d'aigreur. Le ministre de l'Intérieur, puis président de l'UMP acceptait de moins en moins l'ostracisme dont il se sentait victime ! « Raffarin se plante, constatait-il. D'ailleurs vous, les médias, vous êtes injustes avec lui. C'est parce que vous l'avez monté trop haut, que vous le mettez maintenant si bas. » Mais la conclusion logique, celle qu'il espérait, ne venait jamais : « Chacun sait qu'il faudrait tout changer, que je devrais remplacer Raffarin. J'y suis prêt, mais ça ne se fera pas. Car Chirac est dans la logique de la monarchie et je refuse de prétendre au rôle de favori. » Pourtant il courait ventre à terre à l'Élysée voir le président de la République quand celui-ci le convoquait, en précisant néanmoins à l'adresse de ses proches inquiets de tant de précipitation, de tant d'illusion : « Il va encore me raconter n'importe quoi, me faire miroiter l'impossible. » Il rentrait ébranlé. Ce sera « pour la prochaine fois ». Ou « peut-être jamais ».

Il y a cru pourtant de nouveau. Il a voulu y croire. Car gravir le perron de Matignon lui semblait encore la meilleure façon, la plus classique, d'accéder à l'Élysée. Et puis, c'était comme un jouet qu'on lui aurait fait miroiter avant de le lui retirer sous le nez ! Il lui faudra du temps, beaucoup de temps, et des attentes déçues, avant de se désintoxiquer de l'objectif Matignon et de... Chirac ! « Au fond, concédera-t-il un jour, je devrais peut-être le remercier : s'il m'avait nommé chef du gouvernement, j'aurais été lié à lui. Sans le vouloir, il m'a libéré. » Dans sa tête il avait fini par enjamber les marches du perron auxquelles le président lui refusait l'accès. Il s'était résolu à faire l'impasse sur la rue de Varenne pour viser directement le Faubourg-Saint-Honoré. Puisque le chef de l'État refusait de le nommer, il irait chercher sa « nomination » dans les urnes.

En attendant, « l'ostracisme injustifiable » dont il se sentait l'objet renforçait sa détermination. Par moments, il en riait presque : « Si j'avais été chef du gouvernement, j'aurais peut-être été laminé. » Il n'en croyait rien. C'était toutefois la thèse de Dominique de Villepin et de quelques rares chiraquiens qui avaient plaidé pour ce qu'ils appelaient la « promotion-rocardisation ». François Mitterrand avait su surexposer Michel Rocard et le faire voler en éclats, Jacques Chirac n'avait qu'à prendre exemple. Et le secrétaire général de l'Élysée de l'époque ajoutait : « Il faut cesser de trembler devant Sarkozy, mais le faire se désintégrer en vol. » C'est Villepin Premier ministre qui se désintégrera sous la pression. Sarkozy n'en sera pas mécontent, mais il demeurera quand même l'inconsolable de Matignon.

Toujours il regrettera que ses « formidables » qualités n'aient pas pu s'exprimer à ce poste-là, qui convenait si bien à son énergie, à sa voracité. Il aurait été l'hyper-Premier ministre superactif d'un « roi fainéant ». Un attelage idéal ! Toutes ces responsabilités auraient consacré non seulement ses qualités mais l'adoubement dont il rêvait et dont il sera privé obstinément. Le président avait élevé dans cet ordre du cœur, plus encore que du mérite, Alain Juppé avant de lui préférer Dominique de Villepin. C'était plus qu'un déni de ses compétences, plus qu'une blessure d'orgueil : une rebuffade intime, une filiation brisée. Mais Chirac s'était-il vraiment engagé à le promouvoir ainsi ? À l'extérieur, le président prenait des airs de Sphinx quand on lui posait la question. Auprès de ses amis, il précisait qu'il s'était « gardé de tout engagement précis ». Nicolas Sarkozy, lui, était formel : « Chirac ne m'a pas promis Matignon une fois, il me l'a promis dix fois ! Et à chaque fois, il me répétait : "Prépare-toi, voyage, réfléchis." » Sans doute était-il vraiment prêt pour ce poste-là.

« Juppé ? Ce type est fou ! »

Nicolas Sarkozy a le jugement souvent expéditif. Les « nuls », « médiocres », « connards » ne valent pas qu'on s'y arrête. Mais Alain Juppé, lui, mérite un traitement à part. C'est le seul qu'il ait qualifié devant nous, et à plusieurs reprises, de « fou ». Une distinction très particulière, lorsqu'on sait qu'il ne supporte pas qu'on lui applique le même diagnostic, ou même qu'on suppute qu'il y ait quelques accès d'irrationalité dans sa passion démesurée pour le pouvoir et pour lui-même. Or la folie juppéiste ne faisait aucun doute à ses yeux effarés, au point de lui avoir signifié – nous étions dans le bureau d'à côté – qu'il lui faudrait « trouver un psy d'urgence pour se faire soigner » ! Parole d'expert !

L'aliéné Alain Juppé se contentait alors d'appeler celui qui venait d'être nommé ministre de l'Intérieur pour le féliciter et lui dire qu'il était désolé qu'il ne soit pas promu à Matignon. Explosion de rage de Nicolas Sarkozy : « Tu es complètement malade. C'est toi qui m'as poignardé dans le dos, et maintenant tu viens me présenter des condoléances ! » En politique, le coup de poignard par-derrière n'est tenu pour un art que lorsqu'on tient le manche. Quand vous vous êtes fait vous-même planter, vous criez à l'assassin, au meurtrier dément ! Le maire de Bordeaux « démentait » justement avec véhémence et proposait de l'inviter à déjeuner pour une mise au point amicale. Refus effronté de son interlocuteur qui lui conseillait fortement de consulter, l'accusait de lui avoir menti en prétendant le soutenir dans toute cette affaire alors qu'il avait poussé Raffarin en coulisse. Il finissait par raccrocher en lui disant que « si un jour ils déjeunaient, c'est lui, Alain, qui paierait l'addition. Et elle serait salée ! ».

Ils ont déjeuné, chez Guy Savoy, l'un des meilleurs restaurants parisiens. La soupe d'artichaut aux truffes, une spécialité de la maison, est le plat préféré du maire de Neuilly. Ça a coûté cher à celui de Bordeaux. Mais c'était le prix de la réconciliation. De façade. Car si ces deux-là s'aimantaient, ils se révulsaient et se repoussaient tout autant. Du moins, aussi longtemps que l'un, le « fou » de Juppé, parut au-dessus de l'autre, le dominer, exercer une prééminence dans l'affection et l'estime de Chirac.

Il y avait le fils préféré et le fils rebelle. Le favori, le dauphin reconnu et le mal-aimé, le rebuté, puis le banni. C'est le « malade » pourtant qui, dès le lendemain de la victoire de Chirac en 1995, avait, après Dominique de Villepin, demandé personnellement le retour en grâce de ce « traître » qui avait fait la campagne de l'infâme Balladur. Le nouveau président n'avait rien voulu savoir ni concéder. Or le Premier ministre Juppé, le soir même de la composition de son gouvernement, avait téléphoné à l'exilé de Neuilly pour lui exprimer toute sa sympathie. « Sincèrement ? » avions-nous demandé interloqués à Sarkozy. Pour toute réponse, celui-ci avait éclaté de rire, avant d'ajouter : « Juppé respecte ma vitalité. Il veut savoir ce que je pense, à quoi je m'occupe. Au fond, il me craint parce que je travaille beaucoup plus que les autres et que j'ai dix ans de moins que lui. » La crainte ne serait-elle pas une manifestation de considération ? La réplique tombait, coupante : « Cet énarque normalien n'a aucun respect pour ceux qui n'ont pas fait l'inspection des finances. Je ne vous parle même pas de l'ENA. » Nicolas Sarkozy n'avait pas réussi à décrocher le diplôme de l'École des sciences politiques et avait obtenu ric-rac son certificat d'aptitude à la profession d'avocat. Il n'était qu'un « bavard » qui avait, depuis longtemps déjà, oublié l'admiration provoquée en lui par ce conseiller privilégié de Chirac, « si rapide, si intelligent ». En prenant ses distances avec Juppé, il grandissait, il s'émancipait. Ce que ne voulait pas voir celui qui avait été son patron : « Alain » avait dirigé le RPR quand « Nicolas » était relégué à l'animation du secteur jeunesse. Sarkozy était contraint d'en rajouter dans l'émancipation brutale face à un homme qui se donnait des airs supérieurs et redoutait la brutalité plus que tout. Juppé, c'était pour lui désormais la figure paroxystique du technocrate devant lequel il se jurait de ne plus faire de complexe. « Il leur manque une case », nous disait-il. Ces « mabouls » ont perdu le contact avec la réalité.

Le diagnostic du docteur Sarkozy tenait en une phrase : « Ce mec n'est pas normal, il croit que tout lui est dû. » Sans relations, sans chaperon, il avait dû, lui, se battre pour tout et contre tous. Contre Chirac d'abord « à qui j'ai dû tout arracher, répétait-il, alors qu'il a tout proposé tout cuit à Alain, même "sa" mairie de Paris ! ». Il ressassait encore : « Je n'ai pas commencé comme plumitif à rédiger des discours bien au chaud pour Chirac. J'en ai bavé, moi. » La jalousie pour le « chouchou » de Chirac !

Jaloux, lui ? Jamais ! Il racontait avec une gourmandise canaille comment, ex-jeune de service devenu ministre du Budget, il avait « traité » son aîné pour le compte de Balladur. Il l'avait « flatté, caressé dans le sens de la vanité, et même retourné », affirmait-il. « Je lui avais dit qu'à son âge, avec son talent, il serait inconcevable qu'il reste sept ans encore dans l'opposition. Et il m'avait assuré qu'il convaincrait Chirac de se retirer. Mais les sondages ont basculé trop vite. » L'ancien ministre des Affaires étrangères niait *mordicus* cette version Judas de l'Histoire. Il reconnaissait « la tentative de corruption », mais jurait qu'il n'y avait jamais cédé, qu'il fallait que « Sarkozy soit fou pour avoir cru ça et le raconter ». La « folie », on y revient. En miroir. Et ce n'est pas fini.

Le soir de l'élection de Chirac en 1995, alors que Philippe Séguin, l'un des principaux artisans de la défaite balladurienne, échangeait sur le plateau de TF1 de petits mots manuscrits avec Nicolas Sarkozy, le battu, le maudit – « Quand c'est qu'on va voir un match de foot ensemble ? » –, Juppé refusait de s'asseoir à côté de lui. « Du délire, s'indignait encore Sarkozy quinze jours après.

Ce malade avait même tourné le dos à Cécilia avant de s'enfermer dans une loge jusqu'à ce que je m'en aille. » Le maire de Neuilly n'en doutait pas : « Il a perdu les pédales, il veut me tuer. » L'ascension juppéiste aurait été trop fulgurante : « Alain avait disjoncté. » Et Sarkozy ajoutait, afin de trouver une raison à un comportement politique qu'il jugeait irrationnel : « Au fond, il a peur de moi. Il veut me tuer, consciemment ou inconsciemment. » Une sauvagerie brutale, primate serait dissimulée sous le masque de la civilité bourgeoise du Bordelais. « Nicolas » croyait avoir percé à jour la vérité, folle, meurtrière, « d'Alain » !

Voilà que nous ne comprenions pas bien : c'était le même personnage « odieux et fou » qui avait ensuite demandé à Chirac de reprendre le maire de Neuilly au gouvernement ! « C'est parce qu'il valait mieux m'avoir à l'intérieur qu'à l'extérieur. Juppé avait compris ça, que leur sectarisme allait me sauver, alors que j'aurais dû être mort. » Fou donc peut-être, mais pas sot, Juppé, ce qui rendait ses « incohérences » plus insupportables encore à Sarkozy, cet écorché vif. Ainsi, plusieurs années après, alors qu'il avait décroché le secrétariat général adjoint du RPR aux côtés de Philippe Séguin, revenait-il encore sur les manquements à la raison et au caractère de « cet enfant gâté de la politique » : « Juppé ne m'a pas imposé. Il n'osait pas braver Chirac, quand il occupait le poste de Premier ministre ou lorsqu'il a failli prendre la tête du RPR. À chaque fois, il a suggéré mon nom. Séguin, lui, a eu le courage d'exiger ma présence. » Se servir de Philippe pour faire la leçon à Alain qui ne pouvait pas le souffrir, même en photo !

Et toujours se dressait entre eux le Père du Mouvement, les différences de traitement et d'attitude. Cette prédilection non dissimulée pour l'héritier qui lui était odieuse. « Alain n'a jamais été qu'un collaborateur privilégié, un favori protégé, qui n'a jamais eu les couilles de dire non à Chirac, alors que moi, je refusais d'être un paillasson. Je me tenais à distance et prenais soin de ne pas me faire marcher dessus. » Alain Juppé était exaspéré quand on lui rapportait ces mises en cause : « À Matignon, j'en ai pris plein la gueule. Quand j'ai pensé qu'il fallait dire non à Chirac, je l'ai fait, comme pour la mairie de Paris, puisque j'ai choisi d'aller m'implanter à Bordeaux où j'ai pris mes risques. Mais j'avais une conception exigeante de la fidélité. »

À certains moments, pourtant, ils se sont entendus comme des « fous », non comme des larrons. Un jour, « Nicolas » avait même proposé à « Alain » de faire un ticket avec lui pour assurer la relève. Il proposait de pousser en avant son aîné ; plus tard, il prendrait la suite. Et Juppé de commenter en ces termes précis : « Pendant que je pare tous les coups devant, il va me poignarder par-derrière. Je ne suis quand même pas fou ! » Nous, on n'aurait jamais signé l'ordre d'internement, mais Sarkozy... Dix ans plus tard, le paria de la Chiraquie a interné le fils préféré dans son gouvernement, ministre des Armées, dont il est le chef suprême ! Une histoire de fous, assurément.

Au Parc des Princes

Nicolas Sarkozy et nous partageons une passion immodérée du football. C'est ainsi qu'en 2004 nous nous sommes fréquemment retrouvés dans la corbeille du Parc des Princes, cette minitribune où le PSG invite quelques VIP. Nous nous isolions quelques instants avant le match ou à la mi-temps. L'un de nos enfants, alors âgé de dix-huit ans, fut le témoin ébahi de ces échanges. « Ça parle comme ça un ministre de l'Intérieur-candidat à la présidence de la République ? »... Mais ce jour-là, Sarkozy avait l'envie de canarder Chirac et les chiraquiens. La charge fut aussi brève qu'éloquente.

« Ma réussite leur est insupportable. Ils ne peuvent pas me sacquer et ça ne s'arrange pas. Des petits mecs, je te jure, des petits mecs...

— N'empêche, tu deviendrais volontiers Premier ministre de ces petits mecs...

— J'en sais rien. Ils ne joueront pas honnête, ils feront tout pour me cramer. Je suis pourtant certain d'être en mesure de les conduire à la victoire. Mais non, je subis mesquinerie sur mesquinerie. Ils ne peuvent pas s'en empêcher, ces minables ».

À cet instant, nous nous souvenons de cette sentence un jour édictée en notre présence par Jacques Chirac : « Nicolas, c'est une bête politique sans foi ni loi. Il vaut mieux l'avoir avec soi que contre soi. » Incohérence et inconséquence du vieux président, il « l'a », Sarkozy, au sein du gouvernement, à un poste essentiel, mais avec cette contradiction : il l'a avec lui et... contre lui. Une situation inédite. Du jamais vu, à ce point, sous la Ve République. Chirac acceptait l'autorité de Giscard. Quand elle lui fut insupportable, il s'en alla. Rocard acquiesçait au magistère de Mitterrand, lequel un beau jour décida de le congédier comme un laquais. Sarkozy a inversé les règles de la Ve République. Sacré exploit dont il est bien sûr conscient, mais pas si fier que ça.

« Ils se trompent, Chirac et les chiraquiens, j'aurais fait un formidable Premier ministre, j'étais fait pour ce métier. Mais ils ont la trouille, une telle trouille...

— La trouille de quoi ?...

— Que je les fasse gagner en 2007. Pas grave, je vais continuer, construire, me préparer, réfléchir. Ah, les petits mecs. C'est dur de vivre, tu sais, avec des petits mecs. »

À quelques mètres de nous, Philippe Séguin boit un café. Se doute-t-il seulement des énormités que profère son ami ?

« Ils sont vraiment nazes... S'ils me proposaient Matignon, je ne pourrais sans doute pas refuser. Et peut-être que j'y crèverais, comme les autres, Jospin ou Balladur... »

Le match reprend. Alors, Sarkozy oublie Chirac et les chiraquiens. Pour quarante-cinq minutes. Pas davantage.

« Il avait des couilles... »

Avouons-le d'emblée. L'un d'entre nous a couru avec François Léotard dans l'Estérel. Une cavalcade de soleil qui est sans doute un de ses souvenirs les plus forts de journaliste... politique. Pourtant, il déteste la course à pied, cette souffrance de malade pour quelques minutes de plaisir. Il n'ignorait pas non plus qu'une partie de la police déontologique de notre profession lui aurait volontiers passé des menottes symboliques pour avoir poussé trop loin la familiarité, jusqu'à l'odieuse connivence avec un présidentiable reconnu. Horreur, malheur!

Il est vrai que « Léo », en cet automne 1988, incarnait à droite justement une relève véloce. Le premier homme politique français à disputer le marathon de New York promettait, dans la foulée, de remporter le grand prix de l'Élysée! Or, comment mieux comprendre son ambition et son endurance, les jauger au plus juste, sinon en s'accrochant à sa foulée, en l'écoutant respirer, parler, souffrir aussi, car cette montagne de folie que nous gravissions était bougrement escarpée ? Nous avons parlé, beaucoup, après la douche aussi, de la vie, de la mort, de ses espoirs, de ses doutes aussi (de ses doutes, surtout...) et de la France. De la France et de lui. Très peu de Nicolas Sarkozy ! Il n'était pas encore un sujet d'intérêt profond. Pourtant il était déjà dans le circuit : « Il faisait l'écureuil pour Chirac », disait Léotard, mais si petit, si différent, si improbable pour notre coursier qu'il n'imaginait pas un instant que cet « énervé » puisse jamais le doubler. Pourtant... Dix-sept ans plus tard, nous nous retrouvions pour un dîner avec François Léotard devenu romancier. Il avait abandonné cette « pathétique course de fond » et prophétisait, admiratif : « Sarko va gagner en 2007. C'est le plus fort. » Il votera même pour lui, avant de s'en repentir et de l'exécuter d'une plume tout à la fois aiguisée et mélancolique[1].

François Léotard, même à son époque la plus fringante, quand il tourbillonnait autour des caméras et des jeunes filles, n'avait tellement rien à voir avec l'hyperactif Nicolas Sarkozy que c'en était risible. D'abord, il y avait treize ans de différence entre eux, ce qui représentait une génération et pas n'importe laquelle. L'aîné était né en mars 1943, pendant la « dernière grande guerre », quand son cadet de janvier 1955 n'avait pas même connu « les événements d'Algérie ». Ce dernier portait en lui l'insouciance, l'insolence et la frénésie de la société de consommation, quand l'autre était habité par la gravité de ce passé qui ne passait pas. L'un pensait que nous ne nais-

---

1. *Ça va mal finir !*, Grasset, 2008.

sions pas innocents, qu'il ne fallait pas provoquer les dieux par un orgueil volontariste démesuré quand l'autre voulait bousculer le temps, précipiter les saisons et les traditions. Le grand-père de « François » était un paysan français qui s'inscrivait dans un profond sillon de cette terre fertile de tant de sang versé, il en conservait un humanisme prudent et rêveur, les pieds dans le sol, mais les yeux souvent tournés vers les étoiles, alors que « Nicolas » se sentait français tout neuf, un gamin de la ville pour qui la Voie lactée, c'était l'avenue des Champs et le seul rêve, l'Élysée.

De quoi avions-nous parlé d'abord avec Léotard dans ces monts du Sud enchantés ? De la Shoah. Puis de l'Occupation, de la Collaboration, de la Résistance. De notre obsession commune, surtout. Nous partagions l'univers des aînés en deux : d'un côté, les lâches qui avaient collaboré et, de l'autre, les courageux qui avaient résisté. Nous ne cessions de nous demander ce qu'avaient fait les uns, les autres, et notre hantise était cette question sans réponse : qu'aurions-nous fait nous-mêmes ? Nous révérions le préfet Jean Moulin, « ce héros ordinaire ». Nous nous interrogions sur les deux Mitterrand, celui de la Francisque et celui de la Résistance. En rentrant chez lui, Léotard avait été chercher dans sa bibliothèque *La Douleur* de Duras, ce récit bouleversant de l'attente du retour de déportation de son mari. Il en lut lentement les plus belles pages. Puis nous avions, longuement, parlé littérature : Baudelaire, Flaubert, Péguy, Giono, Aragon dont il récitait des pages par cœur. Et Duras encore qui le fascinait à l'époque.

Cet homme-là était un lettré qui n'imaginait pas « perdre » une journée sans lire ou écrire. Faut-il préciser qu'avec Nicolas Sarkozy, pendant des heures et des heures de discussion, d'échanges multiples, nous n'avons jamais ou très peu évoqué la guerre de 40 ni l'extermination des Juifs, ni butiné dans son jardin secret littéraire qui, à l'époque, se limitait à ces deux remarquables spécimens : *Belle du seigneur* d'Albert Cohen et *Voyage au bout de la nuit* de Céline.

Le patron du Parti républicain, puis de l'UDF, s'amusait de leurs différences. Lui avait fait les barricades de Mai 68 en baskets, du côté des étudiants. Libéral-social de conviction et anti-gaulliste scrogneugneu, « Léo » avait longtemps mariné à gauche. En 1974, il avait voté... Mitterrand ! Un total « barjot », et même un « illuminé », aux yeux de Sarkozy, puisque « frère Honnorat » – c'était le nom du moinillon Léotard – avait passé une année au monastère de la Pierre-qui-Vire, ce lieu de silence et de méditation qui dit sans doute désormais quelque chose à l'ensemble des Français. Tout juste élu, le président Sarkozy avait un temps songé s'y retirer pour méditer... avant de préférer s'en aller voguer sur le *Paloma*, le yacht de son ami milliardaire Vincent Bolloré où il perdit son crédit de majesté, sans rattraper Cécilia qui était déjà ailleurs.

Mystique dans l'âme, romantique dans le cœur, rêveur d'une France au grand large, « Léo » était aussi taraudé par le doute sur lui-même, sur la politique – « Je ne supporte pas sa bêtise, sa cruauté, son égoïsme. Je ne supporte pas ceux qui s'abaissent à ne faire que cela. »

Sarkozy par exemple, prototype à l'époque du zombie politicien. Léotard citait volontiers Malraux qui disait : « J'ai fait la guerre sans l'aimer. » Et il ajoutait : « Moi, c'est pareil pour la politique. » Pendant que l'autre, Sarkozy l'ambitieux chiraquien à l'époque, trompetait partout « sa passion totale pour la politique », précisant : « Si on n'aime pas ça, il faut faire autre chose ! » Sarkozy ne se doutait pas à quel point son aîné « envisageait l'échec, la chance de l'échec », alors que lui se refusait même à en envisager la possibilité, de peur de le provoquer !

L'énarque poète n'avait aucune considération pour l'avocat affairé, dont il se demandait d'ailleurs s'il ne serait pas « affairiste ». Il préférait s'interroger sur « des gens intelligents, notamment Alain Juppé, Alain Carignon, Michel Noir ou Michèle Barzach », pour la plupart d'entre eux passés depuis par-dessus le bastingage de la politique et de l'Histoire. Ou évoquer, avec fascination, François Mitterrand, qui avait eu l'habileté de le considérer et de le « promener » dans leur triangle d'or : « les femmes, l'écriture, la mort »... Au moins, sur « le Vieux », sur sa dignité dans la douleur, sur « son génie pour conquérir et conserver le pouvoir », Léotard et Sarkozy se retrouveront. Beaucoup plus tard, quand ils auront pris des coups de partout, des bleus sur le corps, et à l'âme surtout.

Il leur aura fallu en effet, pour s'entendre, passer nombre d'années et d'épreuves, celle du feu surtout, celle de la cuisante défaite présidentielle de 1995 avec Édouard Balladur. Ils tombèrent de haut avec l'ex-Premier ministre, mais c'est dans la boue, piétinés, humiliés par les chiraquiens qu'ils se trouvèrent frères de misère et de combat. Alors, « François » reconnut « Nicolas ». Il l'adouba. Puis il s'inclina devant une force supérieure. Pourtant, le Corse avait la nuque raide lui aussi.

Ce fut, disions-nous, dans la boue. Littéralement. Puisque cela se passa à Bagatelle, lors du meeting de (ré)union de la droite d'entre les deux tours de l'élection présidentielle en 1995. Il avait plu et le service d'ordre avait contraint Léotard et Sarkozy, pour les mortifier, à prendre un long chemin boueux afin qu'ils parvinssent tout crottés au chapiteau bondé de chiraquiens déchaînés contre « ces salopards de traîtres ». « Bagatelle pour un massacre des balladuriens », écrivions-nous à l'époque[1]. Malheur aux vaincus : rien ne leur fut épargné. Édouard Balladur dut siéger à la tribune à côté de Philippe Séguin, son pire adversaire durant cette campagne mortifère. On entendait encore résonner les coups de cognée de ses discours qui avaient décapité leurs espérances. Séguin affichait, ce jour-là, à Bagatelle, son si rare et si franc sourire d'ogre.

Léotard et Sarkozy, les derniers fidèles, n'avaient pas eu le droit d'escorter le général défait et trop vite rallié sans condition. Ils n'avaient d'ailleurs le droit de rien, et surtout pas d'espérer un poste, ou simplement les honneurs réservés aux combattants qui s'étaient battus jusqu'au bout. On leur signifiait leur déshonneur, sifflets et lazzis dont ils furent lapidés jusqu'à ce qu'ils trouvent une mauvaise place dans les travées. Sous ce grondement orageux de haine, ils avancèrent côte à côte. Droits.

---

1. *Le Roman d'un président*, Plon, 1997.

Pareillement fiers. Épaule contre épaule. Certes, la bataille chaque jour plus âpre, plus difficile de la campagne les avait rapprochés. La sombre perspective de la défaite ne les avait pas séparés ; cette marche-supplice de Bagatelle les avait soudés.

Leur reddition sans condition, mais pleine de morgue, avait du panache. Ils se sentaient de la même chevalerie. Défaits, mais invincibles. Et les crachats qu'ils essuyèrent ensuite tous deux au siège de campagne le soir même de l'élection de Chirac furent leurs ultimes décorations. La médiocrité des vainqueurs forgeait leur entente de vaincus. Leur amitié. Si bien qu'ils partirent ensemble en vacances à Biarritz. « À l'aéroport, s'émerveillait François Léotard, un policier nous a salués. "Tu vois, nous ne sommes pas morts", m'a lancé Nicolas en riant ! » Cette insolence gaie et optimiste enchantait autant que revigorait le torturé et pessimiste homme du Sud, qui avait un temps pensé à se retirer dans un phare, et qui songeait à « sa » Corse, « *insula mater* », l'île de sa mère. Fuir là-bas, fuir ! Ce fut pour plus tard. Dans l'immédiat, nos deux complices vacanciers sont allés jouer ensemble au tennis. Deux redoutables crocodiles évidemment. « Or, raconte Léotard, il m'a battu. » C'était un signe, tout était écrit...

Pourtant, Nicolas Sarkozy n'avait pas le style de ceux qui sont nés sur un court. Mais justement, François Léotard non plus, et ils détestaient tous deux la fausse noblesse tennis et châteaux. Sarkozy s'accrochait sur chaque balle, ne lâchait pas un point, profitait de la plus petite ouverture pour attaquer. Un jeu perdu ? C'était une motivation supplémentaire pour repartir à l'assaut et gagner la partie.

Le fils d'immigré et le Corse se sont découvert cette rage commune, et plus encore, ce « goût de la vengeance ».

Confirmation ultérieure par Nicolas Sarkozy : « Comme Léotard, je ne trouve pas que la rancune soit un sentiment méprisable. Les sentiments méprisables sont ceux qui ne font pas avancer ! » Alors ils avançaient de concert. François Léotard avait à cœur palpitant de venger son père, injustement accusé d'avoir manipulé les fonds de l'indemnisation après la catastrophe du barrage de Malpasset, à Fréjus, en 1959. Nicolas Sarkozy, lui, ne cessait de vouloir réparer les humiliations d'une enfance tourmentée, répétant devant nous à chaque succès : « Quelle revanche tout de même ! » Mais il y avait chez lui plus de détermination, plus de force brute. « Une *furia francese*... d'immigré », relevait Léotard bluffé. Il était tout petit, il ne venait pas d'ici et il s'arrachait en râlant, « vous ne voulez pas de moi, mais vous allez voir ce que vous allez voir... ».

Le constat s'était peu à peu imposé à François Léotard et, lors de notre dîner du 14 février 2005, le soir de la Saint-Valentin, il le résumait ainsi : « La droite française a été trop longtemps tétanisée par Chirac et Giscard. Sarkozy, lui, n'a pas peur, de rien ni de personne. Surtout pas de ces deux-là. » L'ancien présidentiable reconverti dans « le silence de l'écriture » ne voulait pas avoir de regrets, mais il était malheureux. Non pas d'être passé à côté de son destin, puisqu'il ne croyait plus à l'action collective et que c'était la fausseté de cette vie, de cette liturgie sociale dépourvue de sens qui l'avait rebuté à jamais. Son désespoir tenait à l'essentiel, la condition de l'homme, la mort, qui « comme le soleil ne peut se regarder en face ». Mais il acceptait maintenant de confesser ce qui avait fait la différence : « Au fond, j'étais trop gentil, contrairement à Nicolas. Pourtant, j'aime la haine en politique ! » Il ne l'aimait sans doute pas assez, puisque le libéralisme a gagné sans lui, un libéralisme qu'il s'est mis à abhorrer, car « c'est la tyrannie de l'argent, la collusion avec le Medef ». Léotard, l'humaniste pessimiste, en était abattu, lui qui, désormais, ne voulait plus laisser de traces que littéraires. Pourtant il se consolait un peu, grâce au « meilleur », celui qui pouvait seul « renvoyer Chirac dans sa maison de retraite de Bity ». Nicolas Sarkozy ! Qu'avait donc Sarkozy dont lui, Léotard, était dépourvu ? « Nicolas était un produit frais, alors que nous étions tous peu ou prou avariés. » Sa réponse ne le satisfaisait pas vraiment. Alors il avait ajouté avec une pointe d'envie : « Il avait des couilles ! Or, avec les rénovateurs, nous nous sommes châtrés en n'allant pas jusqu'au bout. Moi-même, je n'avais pas osé me présenter en 1988. » Un coq et des chapons. En avoir ou pas, telle serait donc la question déterminante ! En tout cas pour conquérir le pouvoir. Pour l'exercer, c'est autre chose.

« Je ne dérange pas ?... »

« Bonjour. Est-ce que je peux vous passer Monsieur le Ministre de l'Intérieur ? » Quel journaliste dirait « non » ? Vous pouvez être sous la douche, ou en train de chanter une berceuse à vos enfants, ou encore en train de cuisiner une omelette, baveuse, aux cèpes – tous exemples vécus –, jamais vous ne répondrez : « Tu tombes mal, rappelle donc plus tard » à Nicolas Sarkozy lorsqu'il pose la question rituelle, mais qui ne demande pas de vraie réponse : « Je dérange ? » Voyons... « pas du tout » ! Surtout en ce jour de manifestation lycéenne et étudiante contre le contrat première embauche (CPE), voulu par le Premier ministre Dominique de Villepin. Coïncidence : à ce moment précis, en mars 2006, l'on entendait à la radio des explosions de grenades lacrymogènes. L'émeute grondait dans le poste. « La situation se tend et se dégrade entre policiers et éléments incontrôlés de banlieue », s'alarmait précisément le reporter. Et le général en chef du maintien de l'Ordre, en pleine menace de désordre, demandait à nous parler. Nous étions veinards !

Nous imaginions Nicolas Sarkozy dans la War Room de la préfecture de police, aux cent coups devant un mur d'écrans, commandant à des estafettes empressées de renforcer le flanc ouest, de surveiller les arrières, d'isoler les perturbateurs du front de l'Est. À la vérité, nous ne comprenions même pas qu'il puisse, en cet instant précis de tension extrême, perdre du temps à bavarder avec deux journalistes. Nous écrivions alors tous, et nous n'étions pas les derniers, qu'il redoutait, ainsi que tous les dirigeants politiques un dérapage, une bavure tragique style Malik Oussekine, du nom de ce jeune étudiant mort en 1986 après avoir reçu des coups de matraque portés par des « voltigeurs », ces policiers à moto censés couvrir les casseurs. Le Premier ministre Jacques Chirac, le ministre de l'Intérieur Charles Pasqua et son adjoint Robert Pandraud, et puis largement toute la droite de l'époque, ne s'en étaient pas remis. Mais au téléphone, cet après-midi là, la voix de Nicolas Sarkozy, pour être tendue et grave, n'était pas angoissée. « Je maîtrise la situation », nous assurait-il, avant d'ajouter : « Du moins pour le moment ! » Alerte rouge. On en arrivait à ce qui motivait son coup de fil.

Il ne s'agissait pas seulement de nous adresser en direct un communiqué impressionniste, genre : « Je suis le ministre de l'Intérieur, je réponds de mes troupes et du bon déroulement relatif de la journée. » Sarkozy faisait du Sarkozy, c'est-à-dire de la politique. Et il entrait directement dans le vif du sujet de sa plaidoirie : « Dominique est fou. En refusant de céder sur son CPE, il va nous entraîner à la catastrophe, la majorité comme le pays ! » Le principal membre de l'équipe gouvernementale débinait devant nous celui qui était censément son capitaine d'équipe. Cela ne manquait pas de piquant.

Difficile de le contredire sur le fond, pourtant. Depuis le premier jour et même depuis la première seconde, ce CPE nous semblait relever à la fois d'une ignorance crasse du sentiment d'injustice qui travaillait en profondeur la société (les jeunes en particulier) et, en même temps, il traduisait une arrogance explosive dans sa conception comme dans son exécution qui se voulait à la hussarde. Ignorer le Parlement est une maladresse, le brusquer une faute. Or le chef du gouvernement avait cumulé faute et maladresse, en y ajoutant la fleur noire du mépris contre les parlementaires.

Le style Villepin, fiévreux et romantique, qui avait fait merveille contre la croisade bushiste en Irak et en particulier à l'ONU, précipitait cette fois le pays dans une crise dont le dénouement pouvait se révéler dramatique. Nous en avions parlé ensemble très tôt avec Sarkozy, qui agitait l'UMP en sous-main contre « l'entêtement du chef du gouvernement ». Pourquoi nous aurait-il dissimulé ses manœuvres ? « Je ne sais pas mentir, nous répétait-il. Quand j'ai la main dans le pot de confiture, ça se voit sur ma figure. » Il voulait simplement poursuivre avec nous la discussion, et surtout son combat de communication contre un adversaire qu'il ne pouvait plus mésestimer, car Villepin s'était hissé au rang de rival, même s'il affectait de le réduire à l'état « d'amateur » et de « gaffeur », « d'olibrius qui serait incapable de se faire élire quelque part ». À *Marianne*, nous avions à plusieurs reprises défendu Villepin, pour son inspiration gaullienne, son goût de l'indépendance, sa volonté de briser les clivages, son refus du libéralisme sauvage. Alors Sarkozy tapait sur le clou pour mieux le crucifier et nous enfoncer : « Je vous l'avais bien dit qu'il ne comprenait rien, mais alors rien du tout à la société française ; cet énarque diplomate n'a jamais fait carrière que dans les palais, en rayant les parquets des salons. Une réforme ça se prépare en amont. Ça se communique, ça s'accompagne. »

Là, il a fait cinq à six bonnes minutes sur tout ce qu'il préparait, qu'il avait réfléchi, écrit, comme un professionnel qui se respecte. Pour mieux nous faire sentir la différence entre un « pro » et un amateur. « Gouverner un pays, ça exige de la bouteille, pas de l'ivresse livresque. Le poète, il va pouvoir retourner à ses écritures. » Il ne nous demandait pas de « garder tout ça pour nous ». Non, cette fois, il fallait « faire passer », mais sans citer ses expressions directement, pour qu'il se sente plus libre. Contrat de confiance jusque-là jamais rompu. Alors il s'est lâché : « Dominique, il a pris la grosse tête avec ses premiers sondages complètement illusoires. Il a voulu passer sur le corps de tout le monde, montrer qu'il était le plus fort. » Sous-entendu plus fort que moi. Le « fou » ! Et de poursuivre, enflammé, prophétique : « Ça va lui retomber sur la citrouille. Il est mort, mais il ne le sait pas. Le problème c'est que nous ne mourions pas tous avec lui. Il faut l'arrêter, je l'ai dit à Chirac... » Là, il a laissé des points de suspension. Nous aussi, nous étions suspendu ! Il attendait qu'on le relance, évidemment :

« Et alors, le président ? » Sarkozy embrayait immédiatement, puisque c'est sans doute cela qu'il voulait tant nous raconter : « Chirac est d'accord avec moi. Cette réforme ne passera pas. Il a mis lui aussi en garde Villepin. Mais il m'a précisé : "Tu sais quand Dominique est lancé, il est difficile à arrêter. C'est un cheval fougueux. Il ne faut pas lui garder le mors trop serré". Pourtant je crois que le vieux commence à comprendre. » La marche arrière était donc enclenchée. À moins que Sarkozy n'ait voulu nous intoxiquer. Mais ce n'était pas dans ses habitudes. Ç'eût été trop malhabile. Une désinformation grossière lui serait revenue en boomerang.

Nicolas Sarkozy ne nous a jamais trompés. Il a pu nous dire une partie de la vérité, ou l'arranger à sa façon, ne la voir qu'à travers son prisme très déformant. C'était même le cas le plus fréquent. Il commençait toujours par dire que c'était grâce à lui, et par finir de même. En évacuant tout ce qui pouvait l'amoindrir et en exagérant ce qui était de nature à le grandir. Même quand il n'y était pour rien, il se découvrait un beau rôle. Quel conteur ! Il précisait d'ailleurs très régulièrement, pour montrer que personne n'était dupe, surtout pas lui : « Si je ne dis pas de bien de moi, qui en dira ? » Mais il y avait toujours du vrai, à trier, à hiérarchiser, à recouper. Nous allions nous y employer immédiatement.

Il fallait par exemple vérifier auprès de Matignon, de l'Élysée, que le Premier ministre était effectivement dans la seringue, qu'il allait devoir y passer, comme les autres, renoncer à sa réforme et plus encore à son destin présidentiel qu'il avait joué aux dés comme un flambeur.

Car si Dominique de Villepin reculait dans cette affaire qu'il avait faite entièrement sienne, il perdait tout son crédit de gouvernance. Il ouvrait un boulevard, ou plutôt la voie royale élyséenne, le Faubourg-Saint-Honoré, aux ambitions de Nicolas Sarkozy. Dans l'entourage du chef du gouvernement, on s'efforçait de démentir. On assurait que « Dominique tenait bon, que Chirac le soutiendrait ». On concédait que « c'était difficile évidemment, mais que c'était dans la difficulté qu'on voyait s'affirmer les caractères » et l'on concluait que « ceux qui lâcheraient se lâcheraient eux-mêmes ». Bigre ! Sarkozy ne sortirait donc pas indemne d'un éventuel abandon du CPE ? Cela ressemblait plus à un vœu qu'à une certitude. Et c'est donc que d'abandon, il était fortement question !

À l'Élysée, on tergiversait plus explicitement encore ! « Le président est solidaire de son Premier ministre, rabâchait-on, mais il suit l'évolution de la situation. Les sentiments de la jeunesse ne peuvent lui être étrangers. » Le lâchage, en douceur, était donc bien amorcé. Sarkozy n'avait pas menti. Nous n'avions d'ailleurs que peu de doutes, tant il s'était montré déterminé : « Il faut en finir et vite. Il n'y a plus que Dominique à ne pas complètement l'admettre ! »

Au bout de vingt minutes, il avait raccroché... en disant « qu'il nous embrassait » ! Familiarité qui nous a laissé pantois. Mais sans doute était-il heureux de lui-même, de s'être montré éloquent, et d'avoir, de toutes les manières, assuré ses arrières si la situation tournait mal. Ensuite, il a appelé quelques autres confrères sélectionnés par son fidèle et indispensable communicant, Franck Louvrier. Nous faisions donc partie de sa tournée des grands-ducs journalistique. Il ne tenait pas nos plumes. Il ne se plaignait même pas de nos attaques, plutôt vives. Il se contentait simplement de téléphoner régulièrement : « Je ne dérange pas ?... »

Le jour où Nicolas m'a embrassé !

Ce jour-là, en une de ces matinées légères et printanières de juin 2005, Nicolas Sarkozy a embrassé l'un des auteurs ! Si nous ne détestions autant la vulgarité, nous nous laisserions aller à écrire qu'il l'a... possédé. Pourtant, rien de plus affectueux, de plus fraternel en apparence que cet *abrazo* viril. Et tout aussi spontané apparemment que ce geste chaleureux et enveloppant fut l'expression de joie sur son visage, ainsi que cette exclamation : « Ah, Nicolas, tu es là ! » Eh bien, oui, comme à tous les conseils nationaux de l'UMP ou presque ! Nous aimions, nous aimons encore, plonger et nous replonger dans l'atmosphère orageuse de ces rassemblements ritualisés où la province « monte à Paris », où le responsable politique ne doit pas se louper devant la presse aux aguets. Période tendue, moment crucial : nous avions droit à un nouvel épisode de la guerre des chefs, Villepin nouveau Premier ministre contre Sarkozy ministre de l'Intérieur et patron de l'UMP. La bataille des prétendants dans laquelle nous jouions, par embrassade interposée, notre petit rôle de faire-valoir du vainqueur de la matinée.

Le numéro de claquettes de « Sarko-Sarko » avait été parfait devant les délégués requinqués, re-sarkoïsés et, surtout, devant le chef du gouvernement, Dominique de Villepin, réduit au rôle de spectateur du show, avec son sourire figé et ses bras embarrassés quand ils ne s'envolent pas avec ses mots. Tous deux sortaient dans ce hall d'un grand hôtel de la porte Maillot pour faire bonne image télé. Et voilà que l'un de nous se trouvait sur le passage du duo en duel, partie intégrante, à son corps défendant, du spectacle. C'est alors que Nicolas a fait « Nicolas ! » et l'a pris dans ses bras sans qu'il y puisse mais.

Les yeux de Villepin ont aussitôt viré tempête. Si Sarkozy embrassait l'un de nous, c'est que nous étions passés dans le camp ennemi. À combattre. À fusiller. Comme s'il y avait eu moyen de refuser ! Il avait agi par surprise, en jouant sur la flatterie. Avouons-le : être ainsi distingué, emporté par ce flux d'énergie positive, ce n'est pas rien. Qui aurait résisté ? Qui serait parvenu à esquiver cette captation amicale ?

Sarkozy est un dragueur hors pair. Rares sont ceux qui lui résistent. Il faut élever des digues hautes comme l'Himalaya pour échapper à ses bras tentaculaires et au baiser de la pieuvre. Nous étions persuadés nous être mis à l'abri en appliquant une retenue de bon aloi tout en étant au plus proche, nécessité journalistique faisant loi. Plusieurs fois cependant il avait réussi à nous harponner, à nous agripper le bras, l'épaule ou à nous refiler une de ses bourrades camarades, accompagnées de clins d'œil connivents. Sarkozy vous attirait toujours plus à lui. Ou vous prenait à témoin en vous annexant à son camp : « Tu peux leur dire, toi qui m'as vu... » Il y a l'attraction terrestre et l'attraction Sarkozy.

C'est ça le charisme. Ou le calcul. Comme si ce harponnage physique pouvait au minimum le conforter ou, mieux encore, lui valoir une plus grande sympathie de la part de ces chiens de journalistes qui lui faisaient bruyante, parfois mordante, escorte. Il ne pouvait pas se passer de nous, tout en prétendant régulièrement que nous racontions n'importe quoi. Il nous tirait à lui toujours plus. Nous finissions d'ailleurs par nous laisser (plus ou moins) faire. Le gaillard nous racontait de si belles histoires, quand Chirac et les chiraquiens n'étaient plus capables d'en articuler une seule. Il nous offrait tant d'informations quand l'Élysée s'était fermé, transformé en Kremlin, qu'il ne nous restait plus qu'à nous tourner vers le lyrisme de haut vol de Dominique de Villepin, en accrochant nos ceintures, sans décrocher pour autant de Sarkozy. Exercice toujours acrobatique. Et rudement excitant, il faut aussi le confier.

Il fallait quand même se féliciter de notre... sexe. Les femmes journalistes étaient soumises, en dépit de tous leurs efforts de mise à distance, à la bise de rigueur. Je n'en connais pas une à qui plaisait ce rituel. Beaucoup tentaient d'y échapper par mille ruses vouées à l'échec. La bise était la marque rouge qu'inflige l'homme politique à « sa » journaliste. Et Sarkozy plus que quiconque accompagnait l'exercice d'un regard coquin ou lourdingue jusqu'à rendre mal à l'aise plus d'une consœur « déshabillée » d'un clin d'œil. Il ne reculait pas devant une remarque ambiguë, voire salace. Cette embrassade signait une inégalité, l'apparence d'une relation plutôt amicale mais, de fait, l'exercice d'une séduction virile qui imposait son code dominant. Ah, le sourire satisfait du politicien claquant ses premières bises à « ses » dames, qui ne sont pas en mesure de refuser sous peine de passer pour pimbêches hystériques, et de manquer à leur devoir professionnel... Dans cet univers féodal, le droit de cuissage a été aboli, pas le droit de « bisoutage ».

Nicolas Sarkozy, plus que tout autre, savait que notre objectif était de nous rapprocher au plus près de « la cible ». La cerner et taper dans le mille impliquait de subir quelques contrariétés plus graves encore qu'un petit bisou de bonjour ou d'au revoir. Nous ne parlons pas d'un déjeuner, voire d'un dîner, ce qui entraîne toujours quelque ambiguïté, mais d'un effort d'adaptation psychologique intense. Il faut chercher l'être humain sous l'armure. Ses passions, ses haines, entrer en sympathie forcément, ou faire semblant d'être en harmonie avec une psychologie qui peut vous être totalement étrangère ou radicalement odieuse. Si vous ne parvenez pas à cette vibration commune, vous ne percevrez ni n'anticiperez les tournements et retournements d'alliance, les renoncements subits ou, au contraire, les offensives kamikazes, et, enfin, les ressorts profonds qui permettront de vaincre. Bref, il faut toujours se glisser, s'insinuer au plus près pour prendre ses distances ensuite, ce qui n'est pas toujours aisé, car il intervient forcément une part de trahison dans ce processus. Mais c'est le jeu journaliste-politique. Jeu rendu encore plus complexe depuis que le soupçon de connivence s'est fait roi. Prendre un verre avec un politique, c'est déjà être coupable, lui parler de sa femme, de ses passions, de la santé de son petit dernier, l'amollir, l'humaniser pour aller au-delà de sa carapace de surface, c'est risquer le peloton d'exécution. À entendre certains bien-pensants, le tutoiement même serait le commencement de la compromission. Il faudrait mettre des moufles avant de serrer la main d'un politique et un masque de chirurgien avant de lui parler. Imposer une distance hygiénique pour éviter toute contagion. Ils n'ont pas compris que la familiarité était pour nous un camouflage dans ce combat rapproché.

Certes, le tutoiement a été généralisé par tous les descendants de Jacques Chirac et de Valéry Giscard d'Estaing. Ces deux excellences affectaient de vouvoyer la plupart des journalistes, ce qui ne les empêchait ni l'un ni l'autre d'user de bien d'autres moyens et pressions pour nous contraindre. Nicolas Sarkozy est le champion de la génération qui tutoie ! Mais on peut s'en remettre. On se sent flatté d'abord. Que ce chef d'emblée vous accorde cette égalité comme une faveur semble faire de vous un obligé. Mais cette grâce étant généreusement distribuée, sa saveur aristocratique, son parfum d'élitisme se dissipe vite et ne reste que l'artifice, qui choque, il est vrai, ce qui précisément ravissait le candidat à la présidentielle, trop heureux d'attirer les journalistes qui le suivaient, « les *embedded* », à qui il prodiguait ses marques publiques d'affection, quand le rejetaient prétendument les directions des rédactions.

Car notre profession comprend sa magistrature assise qui ne conçoit son exercice moralisant qu'en restant au bureau, et sa magistrature debout qui n'imagine pas exercer ce métier sans prendre le risque de l'échange personnel. Nicolas Sarkozy, qui rêvait d'être journaliste, l'a compris sans doute mieux que les autres, puisqu'il a poussé à des degrés jamais atteints cette individualisation, entortillant ses interlocuteurs dans l'entrelacs de relations apparemment intenses et intimes, faites de rapprochement et d'éloignement, en fonction des battements du cœur, ou tout simplement des caprices de son bon vouloir. En embrassant plein champ, face caméras, l'un des auteurs ce jour-là, il se servait de lui. Le directeur adjoint de *Marianne*, journal indépendant, dans les bras de Sarkozy ! L'image faisait son petit effet à la télévision. « Mais vous êtes vraiment amis », nous demandait-on ? Nous avons bien essayé de blaguer, de répondre : « Pas du tout, d'abord, il pique... » Mais alors, pourquoi embrassait-il ? Oui, pourquoi ?

« Ça m'a fait tellement de bien »

Appel de Martin Bouygues. Le patron du groupe éponyme nous explique que la violence des attaques de *Marianne* porte contre son « ami » Nicolas lui est insupportable parce qu'elle est injuste et démesurée. « À vous lire, on a l'impression que Nicolas est un monstre. Mais c'est indigne de vous, de votre journal, de votre histoire. Je vous invite à prendre un petit déjeuner. Nicolas sera là. On pourra parler, s'expliquer, peut-être même régler quelques malentendus. »

Dans l'histoire de *Marianne*, Martin Bouygues a joué un rôle important. Au printemps 1998, un an après son lancement, *Marianne* rencontrait un grand succès auprès des lecteurs. Mais la publicité nous boudait et nous avions dépensé les dix millions de francs (on nous expliquait qu'il en fallait 150 pour imposer un nouvel hebdo !) que nos premiers – et merveilleux – actionnaires avaient pu réunir.

Grâce à un ami commun, nous avons eu la chance de rencontrer Martin Bouygues. Nous ne le connaissions pas, nous savions simplement qu'il avait formidablement bien réussi la succession (par définition impossible) de son père, qu'il était différent, radicalement différent de ses pairs grands patrons – moins égotiste, capable de garder pied dans la vraie vie – et que, bien sûr, il y avait un personnage essentiel dans sa vie, mieux qu'un ami, plus qu'un intime, un frère de substitution... Nicolas Sarkozy. À l'issue de cette rencontre, après que nous lui eûmes rappelé et raconté comment, en 1987, notre journal de l'époque, *L'Événement du jeudi*, avait pris une part non négligeable à l'attribution de TF1 au groupe... Bouygues (nous estimions en effet qu'une victoire de Hachette et de Jean-Luc Lagardère aurait mis en danger le pluralisme de l'information et le pluralisme culturel), Martin Bouygues avait consenti, sans un instant d'hésitation, à se porter caution auprès d'une banque afin que nous obtenions un prêt de cinq millions de francs. Grâce à ce geste chevaleresque, *Marianne* était en partie tirée d'affaire. Nous pouvons témoigner ici, douze ans plus tard, que jamais Martin Bouygues ne s'autorisa la moindre tentative d'intervention. Et Dieu sait si nous avons passé notre temps à l'agacer, à l'irriter, à l'horrifier parfois.

Nous voilà donc conviés, un mercredi de novembre 2006, en compagnie de Sarkozy, ministre de l'Intérieur et candidat à la présidence de la République, au sixième étage du nouveau siège, à peine inauguré, du Groupe Bouygues, avenue Hoche, à quelques pas de l'Arc de Triomphe. Nous n'allons pas être déçus...

8 h 30, dans la salle à manger attenante au bureau de Martin Bouygues. Nicolas Sarkozy nous serre la main en

détournant la tête. Il refuse de nous regarder. Bouygues et Sarkozy s'installent d'un même côté de la table ; le ministre-candidat tombe aussitôt la veste, fait pivoter sa chaise d'un quart de tour vers Bouygues. Il nous snobe, ostensiblement. Nous n'apercevons que son épaule qui, de temps à autre, tressaute, signe chez lui d'une intense contrariété, et son profil crispé.

« Ils sont bien tes copains, Martin, t'as eu raison de les aider. » Il pointe un doigt en notre direction, sans prendre la peine de nous regarder davantage. « Ils font les gentils, mais ce sont de beaux enculés, oui. C'est ça la presse fasciste d'avant guerre, la presse antisémite, la presse qui deviendra collabo. Ah oui, ils sont bien tes copains, Martin »...

Tout est dit d'une voix... douce. Pas un mot plus haut que l'autre, pas de hurlements ni de vocalises. Des mots choisis pour blesser. Pourquoi tant de violence dans le propos ? Parce que nous ne succombons pas à son charme dialectique, à sa féroce volonté de plaire, et de retourner tous ceux qui lui apparaissent comme opposants potentiels. *Marianne* a osé s'inquiéter, dès 2005, de sa psychologie, de son égotisme, de l'absence de « garde-fous » autour de lui, de son « bougisme » et de sa compatibilité avec les exigences du pouvoir, la stabilité, la patience, l'élaboration d'une stratégie de long terme... Rien aujourd'hui que de très banal. Il ne nous a jamais pardonné ces interrogations-là et, en vérité, s'il a demandé à Martin Bouygues d'organiser cette rencontre, c'est précisément pour le dire et le redire, comme si nos articles lui avaient rongé le cerveau. Alors, il reprend :

« Ah, de beaux enfoirés tes copains, Martin ; la presse fasciste d'avant guerre, je te dis, je te répète. »

Il n'a toujours pas daigné nous regarder, à la fois calme, déterminé et insultant, délibérément grossier. L'un de nous tente d'interrompre le monologue d'insanités :

« Tu exagères, Nicolas. Nous avons toujours dénoncé cette partie de la gauche qui a essayé de te faire passer pour un facho. Quand des journalistes t'ont cherché des poux à cause de ton cabinet d'avocats, c'est *Marianne* qui a en partie dégonflé l'affaire... »

Il s'adresse toujours à Martin Bouygues : « Des enculés, je te dis. Même ma vie privée, ils l'ont piétinée !... »

L'un des auteurs, si bien élevé, jamais un mot plus haut que l'autre, la politesse et la bonne éducation incarnées, n'en peut plus, repousse son siège, se repose sur ses deux mains bien à plat sur la table, obtient de Sarkozy qu'enfin il le regarde dans les yeux : « Bon, maintenant ça suffit. Nous sommes les seuls à avoir respecté une intimité que tu avais commencé toi-même à mettre en scène. Nous avons même été accusés de te couvrir ! Tu me casses les couilles, je m'en vais. »

Grossièreté contre grossièreté. Aussitôt, Sarkozy atterrit.

Se met alors en place un dialogue de qualité, courtois, serein, policé. Un modèle de conversation politique civilisée et apaisée, entre un homme d'État au sommet de son art, brillant, convaincant, et deux journalistes qu'il fréquente depuis près de deux décennies.

C'est ainsi qu'il nous décrit la campagne qu'il s'apprête à mener face à Ségolène Royal. « Contre elle, je n'ai pas grand-chose à dire ou à faire, remarque-t-il avec un grand sourire. Ses camarades socialistes s'occupent de son cas. Ils la dézinguent comme il faut, je peux m'abstenir de la cogner. » Il nous raconte sa campagne à venir par le menu, il sait quoi et comment faire, que dire et sur quel ton. Il nous a agonis d'injures ; le voici maintenant éblouissant, souriant, attentif à nos réactions. « Vous comprenez ce que je veux entreprendre, la France a besoin qu'on la bouge et je vais la bouger. » Et il enchaîne.

Ramener les électeurs de Le Pen dans le cercle de la raison républicaine. Décomplexer les Français dans leur rapport à l'argent : « Plus les riches s'enrichissent, plus la société s'enrichit », remarque-t-il. Nous réconcilier avec les États-Unis : « Chirac et Villepin ont gonflé leurs muscles face à Bush, ils se sont fait plaisir et qu'ont-ils obtenu ? Rien. Zéro. » Exfiltrer du PS les sociaux-libéraux, « il est formidable ce Strauss-Kahn, n'est-ce pas ? Nous pourrions travailler ensemble » ; il n'utilise pas, pas encore, le mot « ouverture ».

Ne pas quitter, surtout pas, le ministère de l'Intérieur. « Ne croyez pas ceux qui vous expliquent que je vais partir en janvier. Je resterai le plus longtemps possible, ça rassure les Français. Dans mon entourage, tout le monde est contre, même Cécilia, c'est vous dire. Mais je ne céderai pas, je suis sûr d'avoir raison. » Avoir raison contre tous ; il jubile.

Quelle campagne conduira-t-il jusqu'à son éventuelle victoire ? Celle qu'il vient très précisément de définir devant nous, exactement celle-là qu'il teste devant chacun de ses interlocuteurs. Ça fonctionne et il le sait. Il nous impressionne et il en jouit. Sans s'arrêter à des incohérences notoires (par exemple, le « vive les riches » est en contradiction avec sa volonté de reconquérir le populo lepéniste), il parvient à bâtir un système séduisant.

Il observe sa (grosse) montre. Soupir. Commentaire : « Je dois partir, le Conseil des ministres avec ce vieux con ! Insupportable. Que ce soit Ségolène ou moi, on s'en tape. Au moins, ça changera. » Personne n'ose commenter. La violence verbale à nouveau, comme s'il ne pouvait s'en empêcher. Pas de *self-control*.

Nous nous retrouvons devant le bureau de Martin Bouygues. Nicolas Sarkozy observe et détaille l'aménagement, l'architecture : « C'est beau chez toi, Martin, tu as bien réussi. Vraiment, tu as bien réussi. » Il lui pince la joue à l'orientale et nous prend alors à témoin. « Il a bien réussi, pas vrai, mon copain... Contre Ségolène, c'est du 50-50. Si c'est elle, je viens ici, je m'installe ici, je travaille ici et je gagne beaucoup d'argent. La vie ne s'arrête pas à la politique. » L'argent, ça le reprend...

Dans l'ascenseur, il agrippe par le bras l'un des auteurs, le serre fort, le regarde droit dans les yeux : « Tu sais que je suis un con, moi. J'embête Martin, je vous fais inviter à un petit déjeuner, je viens, je dis des gros mots, je suis grossier... » Son visage s'éclaire alors d'un sourire quasi enfantin : « Mais tu sais, ça m'a fait tellement de bien. »

Rock Star

« Touche, mais touche ma chemise ! Elle est trempée. » Il fallait absolument toucher la suante relique. Rituel incontournable d'après meeting où Nicolas Sarkozy se déshabillait et, torse nu, vous prenait à partie tout émerveillé de sa performance, de lui-même, comme s'il avait transpiré du sang : « Touche, mais touche donc. Je suis comme Johnny. Je sue comme un bœuf sur scène. » Une rock star ! Il ne suffisait pas de le voir pour le croire, il était indispensable de palper et de livrer son verdict également ritualisé : « La vache (!), tu ne t'es pas ménagé. » Et lui d'ajouter ensuite : « Tu en connais un autre qui se donne autant ? » Non, on ne connaissait aucun autre politique qui fût à ce point *showman*. Nous étions épatés. Il en était heureux comme un enfant. Un enfant de la balle, bondissant, rebondissant de salles en salles !

Par moments on se croyait d'ailleurs dans une tournée de l'« Idole des jeunes » : « Dans la nuit je file, tout seul de ville en ville, je ne suis qu'une pierre qui roule toujours. » Sarkozy aussi crapahutait de port en aéroport, sans savoir trop où il chantait, pardon, où il parlait. Accueil bref des autorités, la star et sa suite s'engouffraient dans des berlines pour foncer vers le Palais des sports ou des congrès du coin. Surtout ne pas perdre de temps ! Nous étions partout, nous n'étions nulle part.

Le paysage défilait en ombres indécises. Nous traversions des cités comme des fêtes foraines dont les lumières reflétaient des visages intrigués ou agacés par notre cortège fantôme qui menait son train d'enfer. Nous passions sans savoir vraiment où nous étions. Quels étaient les fantômes des lieux ? Ses drames ? Ses tragédies ? Ses révoltes ? Ses personnages maudits ou honorés ? Ça, c'était dans le discours, en quelques lignes habilement troussées pour faire croire que le candidat n'était pas étranger au pays, à ses habitants, à leurs histoires particulières qui font le roman national commun. Les provinces méritaient cette génuflexion dans le texte, mais il ne les avait pas dans la tête. Ce que Nicolas Sarkozy connaissait par cœur en revanche, c'était la capacité des salles, celles qu'il fallait éviter, le nombre de chaises à installer pour faire du peuple, même s'il n'en venait pas beaucoup. Il ne se trompait jamais et se souvenait toujours de l'accueil qu'il avait reçu, s'il avait été bon ou... excellent !

Mais le cortège était trop pressé pour qu'on s'arrête auprès d'une tombe ou d'un souvenir. Il fallait que ça aille vite, toujours. Nicolas Sarkozy était d'abord de l'école Chirac jeune, qui aimait à dire : « On n'a même pas pris le temps de laisser le chien pisser sur la roue.» Mais l'élève avait dépassé le maître. Pour ce jeune homme pressé, le bougisme était un programme politique. La démonstration en actes précipités de sa modernité en rupture avec l'archaïsme du roi, «encoconé» à l'Élysée. Le moindre stop eût été un renoncement et l'immobilisme un reniement. Une, deux, trois performances par jour! Sarkozy fonçait donc, c'était une autre manière d'écrire son manifeste à travers les images et nos articles saccadés. Les journalistes s'épuisaient, son énergie triomphait. «Vous avez l'air fatigué», jubilait-il. Mais il n'accélérait pas sans but. Il avait rendez-vous, plusieurs fois par jour et nuit, avec... vous.

Il accélérait sans cesse pour en venir à l'essentiel: le spectacle, le public, sa conquête. Son défi perpétuellement renouvelé. Son tourment politique et métaphysique. «Je sais décider, confiait-il, tendu comme un arc électrique, d'autres aussi en sont capables, mais plaire, oui plaire, chaque soir plus encore, je n'en suis pas sûr.» Se pourrait-il que Sisyphe fût un homme politique? Ou Don Juan, qui se croyait obligé de séduire en permanence, de peur de mourir le jour où ses charmes n'agiraient plus?

Sarkozy lui n'hésitait pas à aller épier ses concurrents, les chanteurs, et même les humoristes, ceux qui remplissaient les salles et parvenaient à les chavirer. Il voulait connaître leurs trucs, leurs recettes, leurs inspirations et leurs respirations, ces pauses où il sentait palpiter le public – «Tu as vu, là je les tenais, ils écoutaient même mes silences.» Il avait son agent traitant dans le milieu, Pierre Charon, méchamment surnommé «Rires et chansons », mais qui savait repérer les talents et les lui amener jusque dans l'antre théoriquement maudite du ministère de l'Intérieur. Sa connaissance, son amour de la chanson française lui permettait de faire tomber les premières barrières. Après il était encore plus à l'aise dans le *steeplechase* d'une conversation où il lui arrivait même de faire le modeste et de s'incliner devant plus star que lui !

Avec les autres artistes, il partageait une fraternité de *showbizz* et confiait ses trucs : « Il faut toujours commencer par fixer les types du fond de la salle, racontait-il, comme s'il était Bruno Coquatrix, le manager mythique de l'Olympia. Tu dois leur dire que tu as commencé comme eux, que tu ne les oublie pas. » Sur scène, cela donnait : « Moi aussi j'ai été militant. Personne ne m'a rien donné. J'ai fait les permanences du week-end, je les ai même repeintes. »

Il revivait avec eux son ascension, se mettait en scène dans ses succès difficiles, mais aussi dans ses échecs pour montrer qu'il avait souffert, qu'il souffrait avec eux, mais qu'on pouvait s'en sortir, et qu'ils s'en sortiraient ensemble. Il (se) jouait avec émotion toujours, n'hésitait pas à insister sur ses disgrâces pour en faire des grâces. Cela n'avait rien de commun avec un Dominique de Villepin habité par la France qui disposait toujours d'un poète de service pour donner du souffle et du rêve à ses discours. Sarkozy était beaucoup plus court, en tout cas jusqu'à ce que Henri Guaino lui prête sa plume et ses mots. Mais si le premier envoûtait, le second entrainait. Il tendait la main et il cognait aussi alternativement. Un puncheur avec une sacrée droite, qui travaillait plutôt le style direct, en carambolant la syntaxe. Ça choquait moins, il n'était pas président.

Il abusait des « hein », « j'veux dire », « çui qui s'imagine que », avec des points de suspension à tire-larigot soulignés de gros clins d'œil pour laisser entendre qu'on se comprenait lui et nous, les spectateurs. Et l'on croyait se comprendre. Il se ménageait si peu et prenait tout cela tellement à cœur que c'eût été lui faire de la peine que de ne pas vibrer avec lui. Car il vibrait. Il la recherchait cette communion avec la foule par toutes les fibres de son corps, jusqu'aux cordes des maxillaires sur lesquelles il jouait. Il chantait peut-être mal, mais il parlait juste, avec la voix qui descend jusqu'au chuchotement avant d'enfler et d'emporter l'auditoire dans un grondement. « Il y avait de l'amour là-dedans », se vantait-il. Et pourquoi en aurions-nous douté ? Il baratinait à chaque fois comme s'il voulait séduire une fille. En racontant justement qu'il s'était ramassé souvent : « Avec la gueule que j'ai... » Mais qu'il n'avait jamais renoncé, qu'il ne renoncerait jamais. Et puis, il avait une telle façon de nous raconter la jouissance de son premier meeting, qui fut le début de tout.

Il était une fois... Nicolas Sarkozy adorait narrer son dépucelage de militant novice, ce plaisir fulgurant de soulever une salle, et pas n'importe quelle salle ! Dans ses biographies[1], il a repris les mêmes termes si sexuali-

---

1. Catherine Nay, *Un pouvoir nommé désir*, Grasset, 2007 ; Nicolas Domenach, *Sarkozy au fond des yeux*, Jacob-Duvernet, 2004 ; *Nicolas Sarkozy. Au bout de la passion, l'équilibre*, entretiens avec Michel Denisot, Albin Michel, 1995 ; et Nicolas Sarkozy, *Libre*, Robert Laffont, 2001.

sés pour décrire son extase initiale. C'étaient les assises nationales de l'UDR à Nice avec tout ce que le mouvement gaulliste comptait de barons et de baronnets. Quand il narre cet épisode fondateur, et c'est souvent, il commence toujours par la douceur des préliminaires : « Nous étions descendus par le train de nuit. Il faisait chaud, le soleil brillait, les jeunes filles étaient apparues à mes 20 ans comme proches de la perfection. » Le moment était venu... de devenir adulte. Jacques Chirac en personne, le Premier ministre de l'époque, lui passait la parole : « Deux minutes pas plus ! » Le moindre détail, la plus petite émotion est demeurée gravée dans sa tête : « J'avais répété toute la nuit, j'étais tellement énervé. C'était la première fois que je parlais dans un micro. » Il ne le lâchera pas facilement. « L'entrée de la salle me suffoqua, poursuit-il. Je fus aveuglé. » Le débutant avait écrit son texte sur une feuille recto verso, on ne l'y reprendra plus. Mais sa panique fut brève et son discours plus long que prévu. Il sut faire durer le plaisir des applaudissements, de la communion avec le public. L'histoire a retenu ces quelques mots-clichés : « Je suis jeune, mais comme vous, je suis gaulliste, car je sais qu'être gaulliste, c'est être révolutionnaire. » Mais lui, ce qui l'a marqué, ce fut le plaisir partagé, le bonheur même de l'étreinte avec une salle qu'il décrit avec des mots que d'autres réservent à l'amour : « C'était une forme d'ivresse (...). J'étais ébloui. Je n'avais qu'une idée, recommencer. » Il recommencera, encore et encore. À la poursuite du plaisir perdu ! Mais retrouve-t-on jamais l'extase de la première fois ?

Parfois nous avons pu percevoir quelque ombre de lassitude au coin des yeux, de la fatigue d'avoir à rééditer le même numéro « pour déplacer deux voix, trois voix, pas davantage ». Mais c'était juste avant de monter sur scène... qu'il attaquait d'ailleurs toujours par le fond de la salle, pour marcher sur l'eau, sur la houle artificielle fabriquée autour de lui par les photographes, les cameramen, les jeunes militants avec tee-shirt blanc sur chemise bleu et slogan rouge « Sarkozy Président ». Ils menaçaient de le submerger. C'était fait pour ça. La musique à fond, il était comme porté par ce fluide énergétique et ses gardes du corps. Il passait de mains en mains jusqu'à être déposé sur la scène comme par une marée humaine. Le Sarko-show pouvait commencer. Avec les stars aussi pour l'applaudir ! Au premier rang, les vedettes du spectacle reléguaient les élus sur les bas-côtés. Les VIP, c'étaient eux qui, au fond, étaient comme lui. Les footballeurs, les acteurs, les chanteurs. Tous des *showmen*. Carla Bruni n'était pas encore là mais, en réalité, nous ne l'avions pas encore compris, sa place était là. Deux stars. N'y en a-t-il pas une de trop ? C'est leur affaire. Ils nous feront même peut-être, sans doute, un drôle de duo de campagne.

C'est pourquoi nous n'avons jamais cru à ses envies maintes fois répétées de tout arrêter, quand il ressassait son refrain : « Ce métier-là, c'est dangereux, plus on en donne, plus le monde en veut », nous nous disions « chante toujours » ! Jamais Nicolas Sarkozy ne pourra se passer de la scène, du spectacle, des spectateurs, de cette communion sexuelle et mystique. Il avait de tels yeux écarquillés de rêveur éveillé quand il s'est produit à Bercy et qu'il reprenait à tue-tête : « Vous vous rendez compte, je suis dans la loge de Johnny ! » Hallyday lui, était dans la salle pour écouter.

« Sarkozy va exploser en vol »

Comment Dominique de Villepin a-t-il pu se tromper à ce point sur Nicolas Sarkozy et... sur la France ? Comment celui qui se définissait comme le « meilleur expert en psychologie de la classe politique française », celui qui avait décelé le premier « les failles et les faiblesses » qui furent fatales à Édouard Balladur puis à Lionel Jospin, s'est-il égaré jusqu'à prophétiser « l'explosion en plein vol du candidat trop fragile de l'UMP » ? L'ancien Premier ministre était pourtant formel dans son diagnostic qu'il nous détaillait ainsi : « Sarko est un petit. Il n'a pas de force intérieure. Il n'existe que parce qu'il mord les mollets de Chirac. » Un roquet donc, condamné à aller japper en enfer, puisque « le président ne se représentera pas : les Français alors tourneront la page, et sa petitesse avec ».

On lit et on relit les kilomètres de notes accumulées tant était volubile l'ex-chef du gouvernement, et avant le ministre de l'Intérieur et auparavant encore le brillantissime défenseur de la politique étrangère française, sans parler du secrétaire général de l'Élysée. Nous le voyions régulièrement. Nous nous échauffions même le poignet avant de le rencontrer, car ses pensées surgissaient à la vitesse des charges de la brigade légère. Il ne fallait rien manquer, de ses offensives féroces contre les « messieurs qui ont les fesses sales », les Balladuriens en somme, qui mèneraient un « putsch permanent contre Chirac » et à qui « il fallait tordre le bras ».

Tout en admirant ses prises de judo sémantiques contre « les maîtres chanteurs », en particulier « l'infâme maire de Neuilly » tellement « bouffi d'orgueil qu'il est incapable de demander pardon », nous ne rations pas un seul de ses changements de cap et de propos. Car le premier collaborateur de Chirac était aussi un adepte du contre-pied. Pendant que, d'un côté, il bottait sémantiquement les fesses du « gamin mal élevé », de l'autre il l'invitait à petit-déjeuner à l'Élysée, en cachette des femmes Chirac, Claude et Bernadette, ainsi que du président d'ailleurs qui tous l'avaient banni : « C'est moi le premier qui ai pensé à Sarkozy, avant qu'il n'y pense lui-même, nous confiait Villepin, faraud. C'est moi qui suis allé le chercher alors qu'il se cachait dans les toilettes de l'Élysée, de peur de croiser le chef de l'État. Je voulais que nous nous entourions des meilleurs. » Et c'est ce meilleur-là, Nicolas Sarkozy, dont il nous annonçait *mordicus*, et lors de plusieurs entretiens, « combien il n'était pas au niveau de l'élection suprême » ! Un « nain », jetait-il, ou pire encore, un « nabot » qu'il rapetissait plus encore en se redressant.

Nicolas Sarkozy, alors, était-il vraiment un des meilleurs parmi les meilleurs, pour celui qui se considérait comme Le meilleur? Le secrétaire général de l'Élysée de l'époque n'en doutait pas puisqu'il contribua à sa nomination comme ministre de l'Intérieur. « J'avais même fait le programme et c'est moi que Chirac voulait nommer. Je lui ai dit : « Sarkozy sera le meilleur ». Il fit même campagne pour la promotion du maire de Neuilly à Matignon, tout en nous répétant : « Il faut arrêter d'avoir peur de ce garçon. C'est la peur qui le renforce. On ne doit pas lui parler, ça le rassure. Il faut juste lui ouvrir la porte du pouvoir. Il sera laminé à l'épreuve. » Villepin voulait qu'on lui ouvre tout grand les bras et l'apparence du cœur, afin de mieux le déstabiliser ! En ajoutant haut et fort « même pas peur ! », ce qui faisait rire Sarkozy dont le cri de guerre enfantin lorsqu'il montait à l'assaut répété de son frère aîné Guillaume était justement « même pas peur ! ». Un cri de défi qui ne l'empêchait certes pas de prendre une rouste, puis de récidiver.

La relation, toujours passionnelle, entre « Dominique » et « Nicolas » était complexe, tordue, on en conviendra. Villepin, lui, manifestait du respect : « Nicolas est intelligent et courageux », martelait-il devant nous. À cette considération pour le combattant se mêlait une proportion haute et hautaine de mésestime : « Il n'est pas au niveau et certainement pas à celui de la France. » Ce n'était pas mieux en face, puisque Sarkozy gratifiait ce « héron hobereau » de mérites qui, à ses yeux, représentaient des défauts rédhibitoires : « C'est un littérateur... de salon, un diplomate d'ambassades. Il a fait une belle carrière sans jamais avoir été élu, ni avoir vécu. Il n'a subi d'autres confrontations que celles des mots. » Mais les mots peuvent être des balles qui, en l'occurrence, semblaient faire mouche sur la cible : « Si Nicolas se présente à la présidentielle, ce sera pour faire 13 % des voix au maximum, comme aux européennes de 1999. Les voix d'un chefaillon de parti RPR. Il n'est d'ailleurs même pas sûr qu'il parvienne jusqu'à la candidature. »

Combien de fois ne nous a-t-il pas certifié, et sur tous les tons, cette conviction qu'il imprimait dans l'air en lettres imaginaires : « Son explosion en vol est inévitable. Elle est écrite, je vous le garantis » ? Et il signait « des deux mains ». Où donc avait-il lu et décrypté cette prophétie apocalyptique ? D'abord dans le « brouillonnement » de Sarkozy, dans ses « confusions hystériques », dans son « besoin de mouvement perpétuel » qui traduisaient sa « débilité infantile d'enfant de divorcés ». Traduction politique de cet Œdipe mal digéré : « Ce prétendu "homme libre" ne peut faire fi du regard du père. Chirac l'obsède. »

Villepin, après s'être imposé comme Premier ministre, se disait émancipé du « Vieux » ; on pouvait même surprendre des éclairs de condescendance, fût-elle affectueuse, envers le président qu'il n'hésitait pas à secouer. Y compris en plein conseil des ministres, où il s'interrompait lorsque Chirac bavardait et jusqu'à ce qu'il se montre attentif. « Moi, jubilait Villepin, je n'ai pas besoin en permanence de son approbation, ou de sa réprobation. Nicolas, lui, se croit perpétuellement obligé de l'attaquer, de le défier pour exister. » Cette guérilla sarkozyste incessante contre le monarque républicain qui le dédaignait n'était donc pas, comme nous le croyions, nous autres scribouillards, le signe d'une vitalité psychologique, la preuve d'une rébellion salutaire contre la chiraquo-dépendance. Non, c'était, selon Villepin, une démonstration « d'insanité puérile » qu'il expliquait de la sorte : « Le sans-culotte de Neuilly se donnerait le frisson, comme dans un manège, de s'élever puisqu'il ne cesse de sautiller pour s'en prendre à plus grand que lui. Il a envie de décrocher le pompon. Mais quand on attrape la queue du Mickey, on n'a jamais droit qu'à un tour gratuit. Alors, Sarkozy recommence, frénétiquement, poussé par toujours plus de frustration. » Avec pour ressort, déglingué, « une insécurité intérieure », un comble pour le ministre de la Sécurité, qui le mine et le pousse à la transgression sans fin. Alors, ce « mioche » regarde l'effet qu'il produit pour se rassurer. Mais Dominique de Villepin en était persuadé, « quand Sarkozy moque le président de la République en Louis XVI par exemple, occupé seulement à réparer ses serrures, il se ridiculise lui-même ». Il était illusoire, « et les Français ne s'y tromperont pas », de s'imaginer pouvoir sortir gagnant de la confrontation permanente avec un chef de l'État à son couchant. Foi d'expert en psyché individuelle et collective : « Le pays se débarrassera et de l'un [Chirac] et de l'autre [Sarkozy] en même temps. Ils ont partie liée jusqu'à la disparition simultanée. » L'analyse pouvait séduire, car elle s'accompagnait d'une critique radicale de la « folie médiatique sarkozyste ».

Villepin commençait par nous faire, joliment, le coup de « la branloire » – ce qu'en équitation on appelle l'assiette –, expression qu'il avait dénichée dans Montaigne : Sarkozy se trouvait en équilibre instable sur sa branloire qui était donc rien moins que pérenne ! Pour nous, les minuscules, ce littéraire voulait bien utiliser une autre image, celle du « fil à plomb », celui qui fait le maçon. Il étirait son bras de sa tête jusqu'au ciel et nous parvenions à le voir, ce fil qui le tenait droit comme un chêne alors que nous ne percevions rien au-dessus de la chevelure feuillue de Nicolas Sarkozy. « Il s'agite trop dans tous les sens, et d'abord sur le devant de la scène, pour prétendre à une stabilité intérieure qui lui permette de grandir. » Villepin avait même trouvé un nom pour étiqueter cette hyperagitation « folle » : le syndrome PPDA ! « C'est le drame de Patrick Poivre d'Arvor, de qui ne comprend pas que la lumière médiatique aveugle et tue, expliquait-il, la tragédie de celui qui a toujours besoin du regard des autres pour exister ». Il faisait comme s'il ne nous regardait pas le regarder... puis il poursuivait toujours pénétré, vibrant : « Sarko n'a pas l'écriture pour se retirer en lui, pour se défaire de ses pesanteurs. Il ne sait pas faire silence. Il lui faut se faire applaudir. »

Le diagnostic du « syndrome de PPDA » était, apparemment, d'une justesse confondante : le maire de Neuilly ne pouvait pas apercevoir une caméra sans tenter de la séduire. Il y parvenait souvent, mais sa conquête ne l'apaisait jamais. Conclusion implacable du docteur Villepin : « Pour se faire élire, il faut faire mystère. Nicolas n'est que transparence, il ne déclenche pas le sentiment de l'aventure partagée, il fait du spectacle. » La loi du show est celle du sang versé : le Moloch médiatique n'est jamais rassasié. Ce monstre en veut toujours plus, et c'est lui le plus fort. Il vampirise votre être profond. Plus vous croyez le maîtriser, plus il vous domine. Séduisant, n'est-il pas? Georges Marchais, l'ancien leader communiste, n'était-il pas mort de s'être donné en spectacle? Et François Mitterrand, à l'inverse, avec l'aide de son conseiller Jacques Pilhan, le théoricien de la rareté[1], ne s'était-il pas sauvé grâce à son exposition limitée et à sa maladie aussi? La présidence de la République serait une ascèse aussi médiatique que spirituelle et non une cavalcade insatiable de bas en hauts plateaux! Villepin enfonçait le clou sur le cercueil de son rival « malheureux » : « Il n'est pas dans son "assiette", et il ne peut pas l'être car il force sur le trait médiatique qui le caricature. » L'épaisseur du trait... Sarkozy ne saurait y survivre! « Il ne pourra jamais se rejoindre puisqu'il court toujours après des images de lui qu'il ne contrôle pas. » Le marathonien jugeait le sprinter inconséquent, condamné à s'effondrer.

Villepin était pourtant hors course, en raison de sa réforme précipitée et ratée du CPE (contrat première embauche). Il n'en était que mieux placé, croyait-il, pour disséquer les erreurs des autres, de l'Autre qui « se trompait lourdement en imaginant écrire une nouvelle page du roman national alors que c'était le "story telling" qui se jouait de lui ». Les médias menaient le monde et transformaient le présidentiable en jouet, « en culbuto : un clown pathétique » ! Car les interventions de Nicolas Sarkozy, gratuites et commandées uniquement par des « moteurs » extérieurs, devenaient des gesticulations, ses

---

1. François Bazin, *Le Sorcier de l'Élysée*, Plon, 2009.

réflexions des pirouettes et ses sentiments intimes perpétuellement exposés des grimaces de gargouille. Il n'y avait plus que de l'artificiel. Sarkozy était devenu un produit, ou plutôt une tête de gondole « made in USA ».

Après les piques venait l'estocade de Dominique de Villepin. Plus grave que l'instabilité caractérielle prépubère de Nicolas Sarkozy, plus dramatique que son incontinence médiatique, il y avait cette étrangeté radicale qui révoltait le Premier ministre de l'époque : Sarkozy n'était pas la France. La France, ce pays de cocagne intellectuelle qu'il avait toujours imaginé si grand comme ceux qui l'ont d'abord rêvé de loin. Né au Maroc, élevé en Argentine, il ne pouvait se départir d'une mystique nationale, littéraire et politique, que la trivialité mondialiste de « Sarko » révulsait. « C'est un conservateur américain, je suis un révolutionnaire français ! » Entre eux, il y avait donc la France, au moins celle de 1789, mais pas seulement.

Le chef du gouvernement d'alors avait du style empanaché, du lyrisme romantique, ça changeait de la langue de bois. En avant Villepin la Tulipe ! Il en appelait à la France de toujours, qui s'était faite dans la royauté et le sang, à la France de la Révolution qui avait apporté la lumière au monde. « Le pragmatisme de Nicolas Sarkozy, fulminait-il, ce n'est pas la France, sa fascination d'enfant pour les États-Unis ce n'est pas la France. La France, ce n'est ni Neuilly ni Deauville, ni New York ! » Mais alors, c'est quoi, la France ? Villepin en aurait fait volontiers de beaux discours de campagne présidentielle, sabre et stylo au clair ! « La France, c'est ce long sillon ensanglanté. Ce sont des paysages torturés par les guerres de Religion, des montagnes et des maquis hantés par la Résistance. Alors que Sarkozy, c'est... Vichy ! » La Collaboration, ce n'était pas la France. La France, elle, était à Londres. On était en pleine mythologie gaulliste !

L'hydre de la Collaboration, avec Dominique de Villepin, on y revenait toujours. Il en avait coupé une tête, hideuse, quand il bataillait pour l'élection de Chirac, et pas la moindre, celle d'Édouard Balladur. Or voilà qu'elle repoussait, qu'elle enflait toujours plus avec ce rejeton de la droite « décomplexée ». « Mais elle va exploser en plein vol », jurait le Premier ministre, et Jacques Chirac faisait écho en lui glissant : « À la première occasion, à la plus petite incartade, n'hésitez pas à le virer du gouvernement. » Lors des émeutes de banlieue en 2005, quand le ministre de l'Intérieur vacilla et que le chef du gouvernement Villepin reprit les choses en main, ce fut à deux doigts. Mais ensuite, impossible : le Premier ministre Villepin affaibli par son échec du CPE avorté n'osait pas davantage se séparer de Nicolas Sarkozy que le chef de l'État, à qui il reprochera plus tard « d'avoir tout laissé faire ». Mais à quoi bon le licencier puisque leur conviction à tous deux – le président et le Premier ministre – était faite, qu'ils récitaient comme un mantra : « Sarkozy va voler en éclats. »

Le chef de l'État était plus encore persuadé de cette explosion à venir, lui qui martelait les yeux mi-clos, en partie tournés vers le passé : « Ce pays n'est pas libéral, il a ses traditions, ses fondamentaux. On ne peut pas le brusquer, sinon il va se révolter. » Il en percevait partout des signes, comme ce jour de mauvais sondages pour Sarkozy, où Chirac appela Bruno Le Maire, le directeur de cabinet du chef du gouvernement qui recevait l'un d'entre nous. « Vous voyez, répétait le chef de l'État, c'est le signe que les Français n'en veulent pas. Car "Il" n'a rien compris. » Sarkozy n'avait-il vraiment rien compris à « ce vieux pays d'un vieux continent » ?

Un jour de 2007, le Premier ministre interrompra subitement sa prophétie apocalyptique anti-sarkozyste, pour s'interroger devant nous : « Et si Sarkozy changeait ? Il a quand même dit qu'il aimait la France ! C'est nouveau, ça. Est-ce qu'il m'écouterait ? » Au fond, à ce moment-là Villepin aurait voulu croire qu'il était le seul à pouvoir faire gagner Nicolas Sarkozy, à être en mesure de lui donner les clefs de l'Élysée. Ce qui voulait dire aussi qu'il était persuadé « d'avoir trouvé le mode d'emploi de ce diable d'homme, de pouvoir le pousser à la faute », comme l'écrira Anna Cabana[1]. Il prétendait être, selon notre consœur, « le seul capable de jouer les aiguillons de malheur... ou de bonheur ». Prétention insensée : Sarkozy n'avait besoin de personne, en tout cas pas de lui !

Les interrogations villepiniennes, les illusions brèves, ne duraient que le temps nécessaire à ce visionnaire pour reprendre son souffle épique. Et de repartir dans ses philippiques : « Nicolas n'a pas accompli la métamorphose indispensable, la mue nécessaire, qui implique de

---

1. *Villepin, la verticale du fou*, Flammarion, 2010.

s'effacer, de transformer ses ambitions, ses impatiences, de s'élever en permanence sous les regards des Français et sous son propre regard. »

Il se sentait des démangeaisons dans les ailes, Villepin, « le coq-oiseau », mais il n'était pas en situation. Il en était réduit à jouer les prophètes de l'apocalypse pour un apprenti présidentiable incapable de comprendre ce qui lui semblait une évidence : « Il faut commencer par se réconcilier avec soi-même, sinon c'est la chute. » Une réconciliation quasi impossible, selon Villepin : « Sarkozy est inaccessible au doute. Il ne croit qu'à ses certitudes sur le changement d'époque, sur l'impatience, sur l'urgence de la modernité. Mais il oublie les constantes, le tempérament français, les fragilités qui impliquent des solidarités. » On l'aurait écouté des heures, tant il semblait viser précisément le défaut de la cuirasse de l'inconscient sarkozyste et, en même temps, son incompréhension de la France et de son histoire tragique. Mais l'Histoire n'intéressait guère Sarkozy. Le présent, oui. L'avenir plus encore. L'accélération du temps, certainement. « Vous prenez le pouls de vos souvenirs, avait coutume de se moquer le maire de Neuilly. Vous ne voyez pas que tout a bougé ! »

Elle devait avoir changé, la France, sans que nous nous en rendions compte. Avait-elle déserté son passé, sinon perdu son âme pour s'adapter aux « temps modernes » ? Nicolas Sarkozy bondissait d'une ville à l'autre par-dessus les campagnes et leurs sédimentations. Elles n'étaient plus qu'un paysage défilant derrière une vitre de TGV. Il n'y avait plus de paysans dans ses discours, même plus de saisons dans son bio-rythme. Tout devait s'accélérer à coups d'engrais chimiques et de luminothérapie artificielle. On vibrait pourtant lorsque Villepin appelait à la rescousse de son « *impeachment* » toute la littérature française : « Comment peut-on être élu lorsqu'on n'a rien lu, oui comment ? » Jamais Dominique de Villepin n'a apporté de réponse à cette question qui signait sa défaite en même temps que celle de la littérature devant l'image. Il a juste trouvé cette réplique cruelle, qu'il entonne sur tous les tons : « Nicolas Sarkozy a gagné l'élection, mais est-il jamais devenu président ? »

V
Rupture

« J'suis pas un clébard »...

Juillet 2006. Depuis quelques semaines déjà, Cécilia Sarkozy a abandonné, selon la formule consacrée, le domicile conjugal. Le ministre de l'Intérieur, en quelques mots à la fois simples, justes et las, a décidé de l'avouer aux Français sur le plateau de *Soir 3*, le 26 mai 2005. « Comme des millions de familles, la mienne a connu des difficultés. Ces difficultés, nous sommes en train de les surmonter. »

Spectacle saisissant que le chasseur de « racailles », l'homme fort de la droite – ainsi apprécie-t-il qu'on le décrive – confiant à la télévision ses déboires intimes. Du jamais vu dans cette société qui certes adore les ragots concernant les « people », mais qui, jusqu'ici, a toujours protégé la vie privée, si tortueuse puisse-t-elle être, de ses élites. Mais voilà, Sarkozy, lui, paye par là où il a péché. De sa vie privée, de la mise en scène de cette vie privée, du rôle privé et public de Cécilia, de l'éducation de Louis, son plus jeune fils, de tout cela, Nicolas Sarkozy a voulu faire une légende exaltante. Combien de fois a-t-il répété, dans un éclat de rire prometteur, que « Nicolas et Cécilia, ce serait aussi bien que John et Jacqueline ». Il croyait à cette bluette et sa Jacky a choisi de... s'enfuir, quelques mois seulement avant d'atteindre l'objectif suprême, l'élection présidentielle. Puisque ce scénario s'est effondré, il est contraint de s'expliquer, d'ajouter un chapitre imprévu au risque de noircir la romance et sa réputation. Sinon, les Français ne le comprendraient plus. L'exhibition exige toujours plus d'exhibition : cette règle impérieuse, Nicolas Sarkozy l'a intégrée.

Donc, il nous attend. C'est nous qui avons pris l'initiative de ce rendez-vous. Nous venons place Beauvau avec l'intention de comprendre sa stratégie politique, plus précisément envers la gauche. Car il nous paraît évident que, dans son camp politique, personne ne le concurrence. Chirac a baissé pavillon, mais il laisse entendre que, peut-être, un troisième mandat... Villepin déclare qu'il s'y verrait bien. Mais tout cela n'a aucun sens, ni politique, ni électoral.

La Ve République a toujours fonctionné selon une implacable logique interne qui n'a quasiment connu aucune dérogation, si ce n'est, peut-être, la victoire de Valéry Giscard d'Estaing en 1974 alors que François Mitterrand et le PS étaient au zénith de leur influence. À droite, le tour de Nicolas Sarkozy est venu, c'est ainsi. Reste à savoir comment il entend s'y prendre pour écarter la gauche et ses trois postulants, Lionel Jospin, Dominique Strauss-Kahn et Laurent Fabius. Voilà ce que nous sommes venus recueillir. De Ségolène Royal, il n'est pas à cette époque question. Quant à Cécilia, nous n'avons pas la moindre intention d'en parler, gênés que nous sommes.

Le maître d'hôtel nous demande de patienter dans l'antichambre. Il règne une chaleur de plomb, premiers signes de la canicule qui va étouffer la France. Plusieurs hautes fenêtres donnent sur le jardin du ministère. Dialogue entre les auteurs :

« Tu sais, Sarko est torse nu, dans une chaise longue, au fond du jardin, avec un type, sans doute Pierre Charon...

— Très drôle...

— Je t'assure qu'il est torse nu...

— Non, ça doit être son pote, Christian Clavier, l'acteur de cinéma. Ils se ressemblent tellement ! Tu n'imagines quand même pas Mitterrand, ministre de l'Intérieur, recevoir des journalistes en négligé ?

— Mais si, je t'assure : il est torse nu ! »

À ce moment précis, un huissier en queue de pie nous avertit que « le ministre d'État est prêt, messieurs, à vous recevoir, il vous attend dans le jardin ».

La pelouse est légèrement en pente et nous croisons un Charon rubicond. Le soleil ne lui réussit pas. Il nous salue avec chaleur. « Ne vous faites pas de souci, Nicolas est en superforme. » Il veut parler, bien sûr, de son moral. Pierre Charon est le conseiller ès moral et amusement de Nicolas Sarkozy.

Torse nu. Mal rasé. Ceinture du jean entrouverte. Lunettes noires – des Ray Ban aviation – sur les yeux. Le dernier quart d'un cigare entre les dents. Un téléphone portable dans la main droite. Une petite radio dans l'autre main, branchée sur Nostalgie, qui diffuse un tube de

Michel Delpech, *Chez Laurette*. Affalé dans une chaise longue. Défait. Chaque détail est gravé à jamais dans notre mémoire. Il nous salue, affable. Nous serre la main, nous tape dans le dos.

« Ça ne vous dérange pas si je reste torse nu... Il fait si beau et on est entre potes... »

Nous sommes abasourdis. « Si tu veux, Nicolas, si tu veux, aucun problème. » Nous voilà droits sur nos chaises, lui dans sa chaise longue, il nous offre un verre de Coca Light. L'un de nous note sur une fiche Bristol rose : « Si un jour nous décrivons ce moment-là, personne ne nous croira, on nous soupçonnera de bidonnage... » Il n'y a pas un souffle de vent. Juste un ministre de l'Intérieur et présidentiable torse nu et livide devant deux journalistes de *Marianne*.

Il ne s'aperçoit pas à quel point nous sommes tétanisés. Deux petits bourgeois coincés dans leur costume d'été face au tout-puissant ministre d'État débraillé et exténué de malheur. Nous sommes bien décidés à nous en tenir à notre projet – parler de la gauche et de ses champions, ne pas dévier, ne pas nous laisser entraîner dans une évocation de ses affres amoureuses. Surtout pas ! Nous l'aiguillons en ce sens, et nous avons droit à un grand numéro politique.

« Fabius ? Vous cassez pas la tête, il est fini. La gauche modérée, la gauche convenable, celle qu'il ne me déplairait pas un jour de convaincre, cette gauche-là ne lui pardonnera jamais d'avoir fait capoter le traité constitutionnel de Giscard. Il a voulu séduire la gauche de la gauche, faire un coup... Il a tout perdu. »

« Jospin ? Alors là, ce serait l'idéal. Le jeune – moi – contre le vieux – lui. Le moderne – moi – contre le ringard – lui. La France de demain – moi – contre la France d'hier – lui. Celui qui veut libérer le travail – moi – contre le frappadingue des 35 heures – lui. La joie – moi – contre la tristesse, lui, etc., etc. Ce serait du gâteau. Je compte sur les socialistes pour le désigner... »

Avachi dans le transat, triturant le portable et la radio, tirant sur son mégot éteint, Nicolas Sarkozy n'en est pas moins cohérent, intelligent, précis. Il nous raconte la campagne présidentielle qu'il conduira bientôt, il l'a pensée au détail près, il l'a construite au millimètre. Et il est prêt, dix mois avant l'échéance. Impressionnant et volontiers provocateur quand il nous signifie sans détours son affection pour l'Amérique de Bush. « Ça a servi à quoi, le beau discours de Villepin devant l'ONU ? À rien, rien du tout, un coup de bluff, un coup de frime ! »

Et soudain, il se rapproche de nous : « Les mecs, vous me connaissez, vous, depuis longtemps, vous savez bien que j'suis pas un clébard... » Angoisse. Il ne résiste pas à cette envie irrépressible de nous parler de sa vie privée, de Cécilia, de son désespoir. Nous levons le stylo. Mais chaque mot, chaque expression, chaque mimique, nous les revoyons encore en écrivant ces lignes.

« C'est incroyable ce qui se raconte sur moi à Paris, dans les dîners chics et ailleurs, que je les saute toutes. C'est quoi, ces conneries ? J'suis pas un clébard, moi. Il se dit en ce moment que j'ai une histoire avec Emmanuelle Béart. Comment c'est possible ? Je ne la connais même pas, je ne l'ai jamais vue, jamais rencontrée, je ne lui ai jamais parlé. Et ça circule partout, tout le temps ! Pourquoi ? Qui m'en veut à ce point ? Qui veut me salir ? »

Il est perdu, malheureux. Rien de commun avec le personnage sûr de lui, de sa force, de son talent – cet athlète de la politique – qu'il s'est façonné. Dans notre entourage, certains prétendront qu'en se confiant ainsi il use d'un stratagème, qu'il cherche à nous émouvoir et par là même à nous limer les griffes. Il ne serait pas sincère ; il ne serait que stratège. Cette explication diabolique ne tient pas. Il se vit comme une victime et il a besoin de le hurler. Cécilia est partie, oui, mais à la suite d'un complot, d'une manœuvre organisée, visant à l'anéantir psychologiquement. « Ils savent que je suis prêt, ils savent que l'Élysée est à ma portée. Tout est bon pour m'en empêcher. » Il vise Chirac et Villepin, sans jamais prononcer leur nom. Il est triste et paranoïaque.

Le portable sonne. Il bondit, s'éloigne de quelques mètres et tourne en boucle dans le jardin. « Mais non Cécilia, je ne la connais pas cette Emmanuelle Béart. Qui sont les salauds qui t'appellent au fin fond des forêts américaines pour te balancer le nom d'Emmanuelle Béart ? » Il lui parle avec tendresse et nous aurions envie d'être ailleurs, de ne pas assister à cette scène. Nous nous regardons, tétanisés.

Il s'installe à nouveau sur la chaise longue, éreinté, agité par des tics d'angoisse.

« Vous vous imaginez, les gars, des enfoirés ont trouvé Cécilia aux États-Unis pour lui parler d'Emmanuelle Béart... Qu'est-ce que vous voulez que je fasse ?... »

Il nous serre la main, ne nous raccompagne pas. Il reste prostré. Nous sortons bouleversés. L'un de nous est sûr qu'elle reviendra, l'autre est persuadé que c'est fini à jamais entre eux. Les deux ont raison. Nous n'écrirons pas un mot de cette scène ni de cette réflexion : « Mais non d'un chien, ou plutôt en l'occurrence non d'un clébard, c'est peut-être le futur président de la République qu'on avait devant nous, quasiment à poil ! »

Transgressions

La mer montait en même temps que son chagrin. Nicolas Sarkozy était débordé, submergé par la détresse. L'un des auteurs s'était isolé un instant avec lui sur la plage de La Baule où se tenait en ce début de septembre 2005 l'université d'été de l'UMP. Dans cette station balnéaire où « Nicolas et Cécilia » avaient connu tant de vacances heureuses. L'astre Dominique de Villepin – encore tout nouveau Premier ministre – montait, le sien pâlissait. Cécilia était partie et son monde intérieur s'écroulait. Ses ennemis, eux, attendaient qu'il s'effondre.

Comment ne pas en parler ? Son visage avait changé, s'était marqué. Un écorché. Il portait les stigmates de la séparation. « Ça fait mal ?... » Il savait que la question n'était pas celle d'un journaliste, juste une marque de compassion, entre hommes qui ont beaucoup vécu, beaucoup parlé ensemble forcément, dans ces nuits de train, de voiture, d'avion, quand on joue à saute-mouton par-dessus les frontières perso-pro pendant quelques heures. « Oui ça fait mal. Tu le sais mieux que quiconque. Tu la connaissais... » Le fracas des vagues n'est rien à côté du grondement de sa douleur qu'il contient mal. Mais inutile d'insister. Il doit faire *bella figura*... À quelques mètres, les confrères le scrutent comme à la jumelle. Sa « bande » aussi, qui craint l'élargissement de la faille où s'engouffreraient les ennemis.

Le moindre tressaillement passera pour faiblesse, la plus petite larme pour abandon, le plus infime hoquet d'hésitation pour amorce de reddition. Il se redresse, sa nuque est de nouveau droite. Sa peau frémit. Ce n'est pas le vent, mais sa résolution. Sa détermination. Tout son être qui semble dire : « On ne m'abattra jamais. Je saurai me tenir. » Si seulement...

Ce soir-là, ce qui s'est passé ensuite, une séquence rire, chanson, alcool et séduction, n'a pas été raconté dans la presse, mais figure pourtant dans la légende noire qu'évoquent à mi-voix et chuchotis les journalistes du Sarko-Tour lorsqu'ils sont entre eux. Quelques-uns, rares, l'ont évoqué dans des livres plus tard, notamment dans *Le Président et moi*[1], écrit par celui qui était alors chargé de suivre Sarkozy pour le journal *Le Monde*, l'excellent Philippe Ridet parti depuis vivre d'autres aventures à Rome : « Cette soirée, écrivait-il, peut être vue comme la scène primitive du sarkozysme, le climax des rapports ambigus entre les journalistes et le candidat. Elle laissa plus d'un dans un malaise profond, avec le sentiment d'avoir été piégés, enrôlés dans une figuration

---

1. *Le Président et moi*, Albin Michel, 2008.

honteuse... » Il poursuit : « Quelques-uns, les plus avisés, ne chantèrent pas, se contentant d'observer, d'autres le firent et le regrettèrent après coup, peu quittèrent le théâtre de l'événement... » À vrai dire, l'un de nous fut le seul ! Ce fut sa rupture... avec Nicolas Sarkozy.

Quel en fut le motif ? Que se passa-t-il exactement ? Le plus simple et le pire. Immédiatement après l'échange douloureux sur la plage rapporté ci-dessus, un dîner de fête fut organisé à quelques pas de là sur la terrasse de l'hôtel Hermitage. À l'Eden Beach. L'enfer, en quelque sorte.

On entendait le fracas des vagues et du désespoir qu'il fallait à tout prix dissiper dans les rires et la joie forcés. La garde rapprochée de Sarkozy, celle qui souffrait de le voir souffrir, celle qui faisait tout pour le distraire et pour, de la sorte, renforcer son propre pouvoir – ainsi que s'en formalisera précisément Cécilia à son retour –, ces dévoués serviteurs du maître s'occupaient de tout. Des alcools comme de la sélection des convives : les journalistes les plus jolies et ceux de confiance. Didier Barbelivien, l'ami chanteur, avait été prié par Sarkozy d'aller quérir sa guitare et ses tubes qu'« Il » connaît par cœur. Malaise. Il était temps de chercher des yeux des confrères pour leur balancer des SOS : qu'est-ce que nous faisions donc dans ce cirque ? Ce n'était pas notre place.

Il a pu arriver, Dieu merci, qu'on rigole ensemble, qu'on se moque de tel ou tel, ou de nous-mêmes. La connivence, dont on se méfiait, était limitée à quelques clins d'œil et jeux de mots bien codifiés. On ne se baignait pas dans le même fleuve ou la même piscine, sauf très rapidement comme par inadvertance. Un peu honteux de cette intimité partagée. Et l'on partait vite se rhabiller. Une semi-nudité partagée, c'était déjà beaucoup trop. Comme si on couchait ensemble ! Et là, cette guinche qui s'improvisait était plus obscène encore.

Pourtant les « confrères » restaient scotchés. Fascinés. Du jamais vu. Du transgressif. De la matière explosive ou romanesque pour des papiers, des livres plus tard. Le côté malsain de la situation – il faut amuser le chef, l'arracher à ses noires pensées à tout prix – semblait les attirer irrémédiablement. La vérité sombre, brutale, déchirante d'un homme politique qui se lâchait. Sarkozy faisait le coq, le petit mec dragueur qui emballait une journaliste à la desperado, à la macho, sans se soucier de la mini-assemblée. Au contraire, oubliant toute pudeur, il prenait l'assistance à témoin de son redoutable pouvoir séducteur, lui qui venait d'être abandonné. Comme s'il lui fallait se venger de l'absente, en même temps que des journalistes qui étaient témoins cancaniers de son infortune.

Ce n'était pas une militante qu'il dégringolait sous nos yeux ébahis, mais l'une d'entre nous, tout à fait emballée. C'était comme une insulte pour nous, pour lui, pour Cécilia. On ne pouvait pas être spectateur innocent. Rester, c'était se faire complice d'une dégradation, comme si nous y participions. L'un des auteurs est parti. Et n'est jamais revenu. Plus question d'être « *embedded* », embarqué avec les autres, frères et confrères, tous brinqueballés, ridiculisés dans une carriole pendant que le candidat à cheval caracolait. À la Baule, le présidentiable était ce soir-là tombé de toute sa majesté, comme tous ceux qui l'escortaient.

Ils ont continué à boire des vodkas citron, comme ils nous l'ont raconté, gênés. Ils ont chanté, déchaînés, en chœur *Cours plus vite Charlie...* ou même *Parachutiste...* de Maxime Le Forestier, ou encore «si j'étais président, Fillon serait Premier ministre». Philippe Ridet le rapporte, «penaud», confessera-t-il. La journaliste-écrivain Anna Cabana usera, elle aussi, de cette sombre matière romanesque pour son livre *Cécilia*[1]. «Tous, écrivit-elle, nous étions les acteurs complaisants d'une bouffonnerie marine montée sans préméditation dans le seul dessein de divertir un suzerain sans épouse qui repoussait les limites de la nuit...» Qu'il y eût de la compassion momentanée à son endroit, quoi de plus normal ; mais pas au point de tourner à cet étalage. Il était insupportable de se prêter à ce petit jeu malsain et, à la vérité, impossible de s'en remettre. Comme si le regard sur lui, ainsi que sur les journalistes présents, avait été blessé, abîmé.

Nicolas Sarkozy a tenté plus tard de se justifier, de dissiper les traces poisseuses de cette nuit : «Soit j'étais souriant et vous alliez écrire que je me moquais du monde, soit je faisais la gueule, et alors pour vous j'étais terrassé.» Dans son choix n'intervient pas cette autre possibilité : le mystère, la volonté farouche de préserver son intériorité. Incorrigible Narcisse : en s'exposant publiquement, il donnait valeur universelle à ses sentiments, alors que ses prédécesseurs ont tous tenu pour valeur cardinale la retenue, la pudeur, la profondeur. Pas d'autorité sans éloignement, telle était jusqu'ici la tradi-

---

1. *Cécilia*, Flammarion, 2008.

tion française dont le général de Gaulle donna la version la plus majestueuse. Elle fut, ce soir-là, ridiculisée, foulée aux pieds.

C'était le journaliste, mais c'était l'homme aussi, qui attendait, qui espérait qu'il irait cuver sa douleur, ô combien ravageuse, en solitaire, avant peut-être de la transcender pour en faire une force supplémentaire. Le prétendant au trône présidentiel ne saurait se conduire comme n'importe lequel des mortels qui donne sa souffrance et sa revanche en spectacle. Le naïf rêvait Nicolas Sarkozy opérant retraite de tous les divertissements triviaux. L'amour même qu'il portait à Cécilia devait être une exigence, un appel à la hauteur. Une leçon pour tous les charognards qui voletaient de curiosité mauvaise autour de lui. Impossible de concevoir que les siens, ses amis et les autres journalistes puissent s'offrir en divertissement. Mieux valait leur abandonner la place.

Il a fallu s'éloigner des bruits de cette fête, en ayant le sentiment glauque de quitter une cérémonie orgiaque. Sans doute avions-nous lu trop de livres de chevalerie, où le preux jure fidélité à sa belle et part au lointain du monde porter ses couleurs en solitaire. Dans la tête s'entrechoquaient le grondement des vagues et la fureur du dépit, de la colère. Sentiment d'indignation et de honte, comme un enfant qui est entré par mégarde dans la chambre de ses parents et qui a vu ce qu'il ne devait pas voir... Peut-être est-ce ainsi que l'on grandit ?

« Cécilia est à côté de moi »

Depuis un an déjà, ils sont séparés. Mais Paris et ses cancans bruissent de son retour. Elle serait même déjà là, en ce mois de septembre 2006, à quelques mois de l'élection présidentielle. Elle aurait quitté New York, les weekends à la campagne avec le gratin de Manhattan. Elle aurait donc renoncé à tout ça pour qu'il soit élu, pour qu'il soit l'élu. Rien d'officiel encore, mais une quasi-certitude. « La désertion de Cécilia du foyer conjugal eut au moins un mérite, souligne Anna Cabana[1] : révéler au grand jour ce qu'elle était pour lui, celle sans qui il ne savait pas donner ce qu'il a de meilleur. » Sans doute en est-il conscient ; la preuve en quelques mots.

Mercredi, soirée traditionnellement passée au journal, toujours en ce mois de septembre 2006. Sonnerie aigrelette du portable. Nicolas Sarkozy lui-même, qui n'est pas passé par l'intermédiaire de la secrétaire, c'est assez

---

1. *Cécilia*, Flammarion, 2008.

rare. Bruit intense autour de lui, conversations et verres qui tintent. En ce moment, il n'existe pas de tensions particulières entre *Marianne* et lui... Alors, oui, que veut-il ?

« Tu penses quoi de la situation politique ? »

Étrange, il ne nous appelle jamais pour poser ce genre de questions façon café du commerce : « Rien de spécial... Ça va plutôt bien pour toi même si Ségolène n'est pas forcément mal placée... » [Trouver vite quelque chose de plus intelligent, de plus subtil, de plus politique à dire, mais impossible de comprendre le sens de son appel.]

Il reprend : « Bon, Ségolène, bien sûr. Elle est pas mal, d'autant plus qu'elle me pique certains de mes thèmes, la lutte contre la délinquance, le lien fort à la patrie. Nous en reparlerons un autre jour, j'ai des trucs à vous raconter. Allez, je t'embrasse... [Il embrasse maintenant, c'est une manie...] Allez, Cécilia est à côté de moi, elle t'embrasse aussi. La prochaine fois, je te la passerai. Allez, salut. » [Il raccroche.]

C'était donc cela. Nous faire savoir qu'elle était là, de retour, à ses côtés. Nous le faire savoir pour que ce soit répercuté. Le tam-tam parisien, cette machine à (sous-)informer, à (dés)informer est en marche. Et nous allons, nous aussi, à notre tour, nous livrer à ce petit jeu, nous précipiter dans la salle de rédaction pour... raconter.

Il a gagné. Cécilia est là, et nous en parlons. Sa victoire sera pourtant de courte durée.

Tout cela finira mal...

Pas question pour autant de s'en tenir là. Il a appelé ; il nous faut donc, là, maintenant, la voir, l'entendre, savoir si elle est avant tout revenue pour contribuer à la victoire présidentielle. En Sarkozie, on tremble déjà : « Cécilia est de retour, elle va se venger », tel est le *leitmotiv* de ceux qui l'avaient débinée en son absence [« Elle avait pris trop de poids politique, Nicolas est enfin libre »]. Elle va s'en prendre aux « copains » qui ont « organisé » la vie privée de Sarkozy en son absence. Vendetta en Sarkozie. Risible ? Amusant aussi, convenons-en, pour tous ceux, les journalistes en particulier, qui « suivent » la politique. Certains d'entre nous commencent à dénoncer la « peopolisation » de la politique. Ce n'est qu'un début.

Appel au ministère de l'Intérieur. On nous fait savoir que Mme Sarkozy ne dispose ni d'un bureau ni d'une secrétaire. La « nouvelle » Cécilia se veut discrète, effacée. Nous insistons. Quarante-huit heures après, elle appelle.

« Bonjour, Cécilia Sarkozy à l'appareil...

— Nous souhaitions vous inviter à déjeuner, parler avec vous de la situation politique...

— Vous savez, en principe, je ne vois personne, je ne reprends aucune activité officielle, j'ai trop souffert...

— Et vous ne feriez aucune exception ?

— Pour vous, peut-être, car j'ai suivi tout ça de très près. *Marianne* n'a pas trop glosé sur ma vie privée, *Marianne* en est restée à la politique, c'est bien. Je sais pertinemment que vous auriez pu balancer des Scud et vous vous en êtes abstenus. Alors, d'accord, voyons-nous. »

Date est aussitôt prise, rendez-vous quelques jours plus tard. Le lieu, elle nous le fera savoir.

Fine mouche politique, elle a appuyé, au cours de ce bref entretien, là précisément où ça pouvait faire mal : il y eut des débats vifs au sein du journal sur le traitement qu'il fallait accorder aux mésaventures du couple Sarkozy. Jean-François Kahn défendait ardemment l'idée que, dans cette affaire de couple, tout était en réalité politique. Pour trois raisons au moins : parce que les Sarkozy ont usé et abusé de leur vie privée à des fins stratégiques ; parce que la prochaine élection présidentielle dépendait en partie des tribulations de ce couple ; parce qu'il était antidémocratique que les lecteurs ne sachent rien de ces informations importantes détenues à leur seul profit par des journalistes. Cela ne faisait qu'accentuer la crise de défiance entre les médiateurs et leurs lecteurs. Il était donc partisan de raconter TOUT ce que nous savions, quel qu'en fût le coût humain. [La suite des événements, jusqu'à aujourd'hui, lui donne raison...] Nous nous arc-boutons pour notre part à une conception plus traditionnelle du journalisme politique à la française : tant que la conséquence politique d'une affaire privée n'est pas avérée, alors il ne faut pas la raconter, ou le moins possible, et s'en tenir au tabou de la vie privée, même si, dans le cas de Sarkozy, les limites étaient difficiles à tracer. Vaille que vaille, *Marianne* s'était débrouillée entre ces deux logiques antagonistes.

Nous voici donc à nouveau à l'hôtel Bristol, haut lieu de cette Sarkozie à la fois conquérante et fascinée par le luxe. Nous ne fûmes même pas surpris de ce choix. C'était à la limite l'indice qu'elle était revenue pour de bon, qu'elle (re)prenait possession d'un territoire volé. Le Bristol ou la première contradiction de Cécilia avec sa volonté affichée de discrétion, de retenue, de rupture avec le couple d'avant.

À ce rendez-vous, nous avons pris la peine d'avoir quelques minutes d'avance. Car nous avions la conviction qu'il l'accompagnerait, qu'il la tiendrait de près, serrée à lui, pour prouver aux clients du Bristol, pour nous prouver qu'il l'avait récupérée, qu'elle était à nouveau à lui, qu'il avait gagné. Nous ne nous étions pas trompés. À 13 heures précises, ils entrent dans le jardin du Bristol, main dans la main, doigts entrecroisés. Cette fois, aucun policier ne les quadrille, ça ferait tache dans le spectacle idyllique qu'il (qu'ils ?) veut offrir.

« Je suis juste venu dire un petit bonjour, je m'en vais tout de suite. » Elle n'ouvre pas la bouche. Qu'attend-elle ? Qu'il s'en aille. Il demande un verre d'eau. Cinq minutes de rab.

« Salut, je retourne travailler. Tellement de boulot dans ce ministère de l'Intérieur, ça n'arrête jamais, tu sais.

J'adore ça. » Il l'embrasse sur le front, retraverse le jardin le torse... bombé. Fier, si fier !

De ce déjeuner, nous n'avons guère gardé de souvenirs. Sinon qu'elle était tendue comme un arc (cela lui arrive souvent...), qu'elle feignait de s'intéresser à la politique (« N'est-ce pas qu'il est trop à droite, Nicolas, en ce moment ? »). Nous ne pouvions que l'approuver, mais elle était absente, ailleurs, désincarnée, rien de commun avec la Cécilia combattante qui nous avait sans doute entourloupés deux années plus tôt au moment de l'affaire du cabinet d'avocats. Tout cela, nous disions-nous à la sortie, finira mal...

Un divorce présidentiel

Septembre 2007, Nicolas Sarkozy est président de la République depuis quatre mois. Du feuilleton Cécilia, à rebondissements, les Français ne s'amusent plus, ils s'en inquiètent. Dans leur esprit, l'Élysée est une affaire sérieuse. Elle n'a pas voté au second tour de l'élection, en dépression, a-t-on dit ; elle a boudé un déjeuner dans la résidence d'été du président Bush, une angine blanche, a-t-elle prétexté.

Ce jour-là, elle déjeune à la terrasse du Ritz, un autre palace parisien, avec ses « copines » de la mode qui l'entourent depuis son retour. Au moment de s'en aller, elle nous aperçoit à une table proche de la sienne et s'empresse de venir nous saluer. Formules de politesse convenues. Elle nous serre dans ses bras, esquisse un baiser de bonne compagnie, se rapproche, quasiment visage contre visage, quelque chose d'important à dire.

« Je déteste cette maison, je déteste ce palais, je déteste cet Élysée, je n'y resterai pas, ce n'est pas chez moi, ce n'est pas ma maison, et moi, j'ai besoin d'une maison. » Tout cela à voix haute, très haute, à la stupéfaction des convives.

Et elle tourne les talons.

VI
Président

« Ici, ils ont tous pris du pognon »

Avant le premier tour de l'élection présidentielle de 2007, Nicolas Sarkozy nous avait accordé un bref entretien à son siège de campagne, rue d'Enghien, dans le Xe arrondissement populaire. Ce jour-là il savait qu'il allait triompher, notre opposition tenace ne l'irritait même plus.

« Vous m'avez aidé : tant de haine, tant de violence verbale, tant d'approximations à mon sujet. Ça ne fait que renforcer ma détermination, ça m'a rendu sympathique auprès de Français qui ont fini par estimer que vous en faisiez trop.

— Tu peux tout dire, mais la haine, non. Ce n'est pas vrai. Nous n'avons jamais éprouvé la moindre haine envers toi, au contraire. Nous avons toujours moqué et dénoncé cette gauche qui voulait te fasciser. Aujourd'hui, ça t'arrange de ne pas en tenir compte. »

Depuis ce jour-là, silence.

En réalité, pas tout à fait. Le chef de l'État, via deux ou trois amis communs, nous passait parfois un message.

Tel titre de *Marianne* lui semblait vraiment « insensé » ; tel sondage (où il dépassait 30 % des voix au premier tour de l'élection présidentielle) le ravissait. Mais nous ne l'avions plus croisé. Jusqu'à ce lundi 17 mai 2008 où il nous a officiellement invités à venir boire un café à l'Élysée. Nous étions étonnés car, quelques jours auparavant, devant des députés UMP, il s'en était pris à notre couverture « célébrant » sa première année à l'Élysée, « Putain, 4 ans ». L'un d'eux s'était empressé de nous rapporter sa mise en cause encolérée : « faussement insolents », nous serions « dénigreurs systématiques », « odieux, mais utiles pour remobiliser des électeurs, car trop, c'est trop »... Nous redoutions un nouveau déchaînement. Et nous étions décidés, nous les « odieux », à ne pas nous laisser engueuler. Nous répliquerions sur le même ton, avions-nous décidé. Nicolas Sarkozy avait réussi à cadenasser deux « vieux » journalistes et leurs trente années d'expérience professionnelle dans cet enfermement psychologique-là.

Il a tombé la veste, chemise bleue, cravate bleue. Souriant. Il ne nous tend pas la main et il ouvre la séance sur ce commentaire : « Je suis heureux d'avoir contribué à ce que vous deveniez riches ! » Les ventes de *Marianne* sont en forte hausse et il sait que l'un de nous est aussi actionnaire du journal. L'Élysée ne l'a pas changé. L'obsession de l'argent, encore et toujours.

Le président de la République donc, dans son bureau, assis sur un canapé en face de nous. À sa droite, une photo de Nelson Mandela ; à sa gauche, une réplique de la statue de la Liberté ; derrière nous, un portrait de Carla Bruni posé sur le marbre de la cheminée. Sourire à la fois enjôleur et carnassier. Il ouvre le feu : « La presse écrite va mourir, je ne serai pas toujours là pour vous faire vivre. » De quoi a-t-il souhaité nous entretenir ? Il veut que nous soyons les premiers au courant de son auguste décision.

« Je vais essayer de sauver la presse écrite en organisant des états généraux et je compte bien m'en occuper moi-même. »

Nous nous permettons une remarque : « Tu t'occupes de tout et même des états généraux de la presse. Mais à quoi sert le gouvernement ? Tu ne crois pas qu'un dossier comme celui-là relève d'un ministre ?... »

Il nous observe avec commisération. « Bon, je vais vous expliquer. Mais vous manquez sacrément de recul, de distance et d'analyse tous les deux. Déjà vous n'aviez rien compris à mon élection ; vous ne comprenez pas davantage ma façon de gouverner. Alors, écoutez, écoutez bien. C'est moi que les Français veulent. Ils attendent que je m'engage. Les gens m'ont élu moi, pour que je m'expose. Les Français m'ont élu, largement, pour que je marque des buts. Pas pour que je fasse l'arbitre. Quand je ne m'engage pas, ça rate et j'en prends plein la tête. »

Il nous le dit, nous le répète, une fois, deux fois, trois fois, quatre fois : les Français l'exigent, passionnément, à leur chevet, à leur secours. En permanence. « Même Carla me l'a fait remarquer. » Alors... Alors qu'on ne le désespère pas, qu'on ne le dégoûte pas d'accomplir cette mission... Sinon ?

« Sinon, je peux faire autre chose que président. Contrairement à mes prédécesseurs, j'ai un vrai métier, je suis avocat et, un jour, je pourrai le reprendre, ce métier, je serai encore jeune, j'aurai une autre vie et de l'argent. »

Depuis le jour de son élection, depuis la fête du Fouquet's, depuis ces quelques jours de vacances sur le yacht de Vincent Bolloré, depuis sa dispendieuse escapade américaine avant 2007, nous avions envie de l'interroger sur l'argent, sur son rapport à l'argent. Nous en avions assez de son obsession de l'argent, de son culte public pour l'argent, qu'il osait partout célébrer, ce qui était indécent pour un président, et corrupteur pour l'esprit public ! Voilà le moment enfin venu.

« Tu ne trouves pas curieux d'avoir besoin, tous les quinze jours, de seriner aux Français que le jour où tu quitteras ce bureau tu t'enrichiras ? Fais-le, mais pourquoi nous le tonitruer des années à l'avance ? Tu sais bien que c'est de la provocation. Dans un pays judéo-chrétien comme le nôtre, le chef de l'État ne parle pas sans cesse d'argent, c'est comme ça... »

Il a écouté avec intérêt et... impatience. Il se trémousse sur le canapé, ses pieds, posés sur la table basse, s'agitent, sa voix enfle. « C'est incroyable ce que vous me racontez là. Qu'est-ce qu'il y aurait de honteux à vouloir gagner de l'argent ? » Le président s'indigne de notre indignation qu'il trouve « suspecte ». Il nous apostrophe brutalement : « Quand Chirac était là, vous ne l'interrogiez jamais sur l'argent et son rapport à l'argent ! Hein ? Hein ? Et pourtant il s'en foutait plein les poches le Chirac. Alors, les belles âmes, elles étaient où les belles âmes ? Elles se réveillent pour me faire la morale. Mais c'était avant qu'il fallait se réveiller. Sauf que mes prédécesseurs, pour vous, c'était intouchable : des pères Noble ! Ah vous me faîtes rire. » Rien, il ne veut rien entendre de nos dénégations. Nous n'avions par exemple jamais épargné Chirac et avions même dénoncé, longtemps fort seuls, le racket par le RPR des entreprises du bâtiment et de l'assainissement de l'Ile-de-France. Mais si Chirac avait du fric « plein les poches », il n'en avait pas « plein la bouche », il n'en faisait pas le totem, le but suprême pour lui, comme pour la Nation. « Quel étrange rapport à l'argent, lui objectons-nous alors, que se prétendre "décomplexé" et en parler tout le temps. » La réplique est fulgurante, cohérente, toujours : « Mon rapport à l'argent ? Alors je vais vous dire : en politique, je n'ai pas pris un sou, jamais. Personne n'a jamais rien trouvé, personne ne trouvera jamais rien. Les autres politiques ne peuvent pas en dire autant. Vous ne comprenez rien. Ils ont tous pris du pognon ! Ils sont partis riches. Oui, j'assume : un jour, quand je me retirerai de la politique, je deviendrai riche. C'est normal, c'est la vie. Et vos histoires judéo-chrétiennes... »

Nos « histoires » s'amoncelaient entre nous, infranchissables. Campé sur sa banquette élyséenne, les cuisses larges et largement écartées, avec le sans-gêne du propriétaire, il nous toise, à la fois furieux, désolé, et moqueur. Nous sommes pour lui des indécrottables archaïques. Des attardés mentaux, qui n'ont rien compris à l'étalon or de l'époque. Il tentera pourtant encore de nous convaincre, longuement, des bienfaits de l'enrichissement des élites. Quand il pleut de l'argent tout en haut, ça finit toujours par dégringoler jusqu'en bas ! Il a même l'air d'y croire et ne nous lâche pas, comme s'il voulait, une fois pour toutes, faire taire les deux spécimens de mauvaise conscience qui le tarabustent. « De toutes façons, c'est avec votre morale de pacotille que vous vous faites du fric sur mon dos. » Ça y est, c'est reparti : « Si je touchais un intérêt sur tous ceux qui se servent de mon image, je serais riche comme Crésus ! » Il ne touche rien, pas un sou et... perd son temps, qui est de l'argent, avec nous. Plus d'une heure et demie déjà ; une fortune dilapidée !

Après nous piaffaient devant son bureau tous les notables de la majorité, notamment le chef du gouvernement, François Fillon, les présidents des Assemblées, Bernard Accoyer et Gérard Larcher, les présidents des groupes parlementaires, Jean-François Copé et Henri de Raincourt. En nous voyant sortir, certains d'entre eux – en particulier le Premier ministre – parviendront difficilement à masquer leur stupéfaction : mais par quelle perversité le président les avait-il ainsi lanternés en recevant la presse ennemie ? Fillon nous saluera du bout des doigts ; Copé sera évidemment chaleureux. Et Sarkozy ? Il se marrait. Les valeurs judéo-chrétiennes... et quoi encore ?

Les larmes de Michèle Alliot-Marie

Elle reçoit volontiers les journalistes avant le dîner. « Venez prendre un verre, propose-t-elle d'un ton enjoué, une coupe de champagne. » Michèle Alliot-Marie a été nommée ministre de l'Intérieur voilà quelques semaines. On se contentera d'un verre de Perrier, mais elle est accueillante.

« C'est compliqué, sinon impossible, de succéder place Beauvau au ministre de l'Intérieur... Sarkozy... Je suis solide, j'y arriverai et je m'entends plutôt bien avec le nouveau président de la République... »

Elle insiste tant sur la « qualité de leur relation » que c'en est suspect. Elle sait pertinemment que Nicolas Sarkozy ne la supporte pas, qu'en petit comité il médit abondamment sur son compte, qu'il l'a certes installée place Beauvau parce qu'elle a du poids au sein de l'UMP, mais qu'il l'a cernée de ses hommes à tous les postes-clefs de la police et du ministère. Nous poursuivons la conversation sans aucune arrière-pensée, la remarque suivante allant de soi :

« L'affaire Clearstream, cette tentative de déstabilisation dont Sarkozy fut victime en 2004, complique sans doute encore davantage les choses puisque, ministre de la Défense à l'époque, vous êtes mêlée à l'affaire... »

À la seule évocation de Clearstream, ce montage qui enrage Nicolas Sarkozy, la raide Michèle Alliot-Marie se met à... pleurer. Oui, elle pleure, quelques larmes, des vraies larmes, son visage tressaille d'angoisse : « Pour tenter de m'abattre, on s'en prend à mon compagnon, Patrick Ollier [à l'époque député UMP des Yvelines, maire de Rueil]. Mais nous n'avons rien à voir avec tout ça et ils veulent nous salir...

— Qui ça, ils ? Le président ? Les proches du président ? »

Elle s'est reprise.

« Je ne dirai rien de plus. D'ailleurs, je n'ai rien à dire. Je ne sais rien. À l'époque de Clearstream, mon comportement a été respectueux de l'éthique républicaine, voilà tout. » Son regard est encore embué.

Cette scène, aussi brève qu'étonnante, a un intérêt : signifier l'extrême violence des relations en Sarkozie. On crie, on insulte, on pleure. Michèle Alliot-Marie nous l'a signifié.

Le rire de Séguin

Son souffle était si rauque qu'à chaque instant nous redoutions que ce ne fût le dernier. Pourtant, Philippe Séguin était heureux de nous revoir avec Éric Zemmour pour un remake à la Cour des comptes de *Ça se dispute*..., une émission qu'il n'aurait ratée pour rien au monde. Avec le journaliste Pierre Servent, autre compère de ces agapes de l'hiver 2008, nous allions disputer en effet durant plus de trois heures de la vie, de l'amour, de la mort politique ! Des grands équilibres aussi. Et, bien sûr, de Sarkozy. Ce fut vite fait.

Mais d'abord, il y eut cette image, en couleurs, qu'on aurait cependant crue sortie d'un film en noir et blanc, plutôt noir d'ailleurs. Ce colosse qu'on avait connu en 1995 capable de faire tomber un Premier ministre à la cognée – Édouard Balladur dont il a fait du petit bois bourgeois pour cheminée de salon – avançait vers nous en vacillant. Démarche lourde. Chaotique. Asthmatique. Un pachyderme en route vers le cimetière des éléphants.

Jusqu'à ce qu'il parle, jusqu'à ce que son œil sombre s'illumine d'intelligence, de tendresse et qu'il retrouve son sourire, on eut peur qu'il s'écroule.

Le premier président de la Cour des comptes ne paraissait que l'ombre du lutteur de sumo qu'il avait été. Trop de cigarettes. Trop de pizzas et, la nuit, trop de films en VO. Trop de kilos perdus puis retrouvés, puis reperdus, puis sa peau jaunie qui faisait accordéon. On sentait chez lui trop de solitude aussi après tant de victoires que les autres avaient empochées, et tant de défaites dont il subit seul la cruauté. Sans parler de ce suicide de l'élection ratée à la mairie de Paris en 2001 : qu'allait-il faire dans cette galère à ramer contre le courant de la modernité bobo et contre les notables parisiens qui ne l'avaient jamais aimé ? Pas plus que ceux de province qui venaient juste écouter parler le dernier orateur de la République.

De tout ce passé sans gloire nous reparlâmes longuement. Y compris du RPR de la rue de Lille, où le secrétaire général Nicolas Sarkozy avait un bureau au 3e étage, et lui, le président, au 4e. Il restait enfermé des heures durant à réécrire ses discours quand le futur président de la République courait les télés. Le fils d'institutrice croyait à la puissance du verbe.

Bien sûr, nous reparlâmes aussi de Chirac, de sa réélection à l'Elysée en 2002, alors que, selon Sarkozy, Philippe n'avait qu'un but : « l'abattre » ! Ses épaules se soulevèrent en un gigantesque soupir. Puis nous évoquâmes son incompréhensible défection en pleine campagne européenne où il laissa la place justement à Sarkozy qui se ramassa une sacrée gamelle. Il argumenta, il regretta. Mais sa meilleure réponse fut sans doute son sourire d'enfant étonné que l'époque lui fût si ingrate, après lui avoir tant donné.

Nous évoquâmes le foot aussi évidemment, ses inquiétudes et nos tourments à propos de l'équipe de France qui n'en était pas une. Mais la France était-elle encore la France ? N'avait-elle pas perdu depuis Napoléon son impériale grandeur en même temps que son empire ? Nous refîmes quelques batailles perdues pourtant sans retour. Sa mélancolie faisait chœur, parfois funèbre, avec celle de Zemmour. Mais la sienne semblait plus dépressive. L'Histoire n'avait pas été généreuse avec lui. À moins que son caractère l'ait trop dominé – « Il vaut mieux en avoir qu'en être dépourvu comme aujourd'hui », soulignait-il, un poil accablé. Il s'amusait pourtant que nous lui rappelions ses coups de fil parfois... emportés aux journalistes coupables de « ne rien comprendre à rien ». Puis il a souri, largement, de ce que nous relevions « la faiblesse culturelle de l'élite politique actuelle, leur nullité... » : « Ah, ça ne vous a pas échappé à vous non plus ? » consonnait-il, ironique.

Ce monde minable le heurtait. Il se consolait à peine, en caressant du regard et de la main tous ces livres qu'il faisait relier sur les guerres de 14-18 et de 39-45. Des livres, dans cet univers où seule l'image compte pour les politiques ! Ses yeux noirs se levaient au ciel. Sur terre, ce n'était pas très gai décidément, même si nos remarques l'enchantaient. Telle celle-ci : « Le Premier ministre, François Fillon, qui fut si longtemps gaulliste social à vos côtés, n'est-il pas étonnant qu'il soit aussi inexistant ? » Sa réplique, sarcastique autant qu'indignée, fut immédiate : « Un Premier ministre ? Vous avez vu un Premier ministre, vous ? » Même avec des lunettes doubles focales il était difficile en effet de discerner quelque puissance que ce soit, quelque existence à Matignon. Tout juste une silhouette qui nous rappelait quelqu'un qui avait incarné l'espoir d'une relève, un « gaulliste social ». « Mais où sont donc passés les héritiers de cette sensibilité ? » demandions-nous. Séguin était sans illusions : « Ils attendent sans doute la pluie pour qu'on voie au moins leurs cornes. »

Éric Zemmour le taquinait aussi un peu sur ce renversement historique pour le moins piquant : « Comment se fait-il que vous, le contempteur de Maastricht, défendiez maintenant les grands équilibres que vous combattiez hier ? » Le premier président se redressait d'une masse et assenait : « Il faut bien que quelqu'un accomplisse le boulot. À force de faire danser l'anse du panier, ils vont mettre la France à genoux. Ils sont totalement irresponsables. » Nous ne sommes même pas entrés dans le détail des (mé)comptes de l'Élysée, de « cette idiotie » de la baisse de la TVA dans la restauration ou des dérives des dettes publiques et des déficits sociaux. Il se contentait de dresser par lui-même ce simple constat physique : dans la balance déprimée des comptes, il y a tous les dépensiers démagogues d'un côté et, de l'autre, lui et les réalités à venir. Mais dans l'immédiat, pas de quoi être optimiste. Et l'on retrouvait cet abattement dans les yeux, cette lassitude dans la voix, dès que la joute verbale baissait d'intensité.

Les événements, pourtant, commençaient à lui donner raison. La crise financière renvoyait dans le fossé toutes les billevesées néolibérales du sarkozysme triomphant. Le culte de l'argent roi, du fric facile, commençait à en prendre un sacré coup. Sarkozy en personne devait en revenir au séguinisme des origines, à la défense de la solidarité étatique et non plus à l'apologie de la réussite individuelle. Le retour en grâce de ses thèses autrefois réprouvées le laissait sceptique, méfiant. « Je crains ce qu'ils vont encore nous inventer. » La question alors s'imposait : « Est-ce que Sarkozy que vous connaissez depuis si longtemps vous consulte, vous demande des conseils ? » Une ombre noire est passée fugitivement dans son regard, la réponse fusa en éclair : « Vous croyez vraiment qu'un homme comme celui-ci a besoin de conseils ? » Séguin est alors parti d'un rire... à la Séguin, avec tout son corps massif qui se secouait. Une montagne d'hilarité contagieuse.

Nous l'entendons encore, ce rire qui faisait trembler tout son être, le prenait des tripes jusqu'à la tête. Des rafales de drôlerie et de détresse.

Ce rire résonnait dans nos têtes et sous les voûtes de la basilique Saint-Louis des Invalides lors de l'hommage officiel que lui a rendu toute la classe politique qui l'ignorait superbement. Chirac et Giscard côte à côte ! Tout le « gouvernement Fillon ». Et tous les anciens Premiers ministres en vie. On se demande si l'on n'avait pas battu le rappel des morts pour cet exilé de la politique ! Il y avait même Martine Aubry et Carla Bruni. Il ne manquait que les petits chanteurs à la croix de bois de

Lorraine. Le ciel lui-même avait tenu à se mettre en deuil, nuages noirs, plafond bas, vent frisquet. Le président de la République française en personne prononça ces mots inoubliables du ton de l'émotion nationale de circonstance : « Tu as aimé la France avec passion. Tu vas nous manquer. Au fond, Philippe, tu as été heureux... » Oui, nous entendons encore le rire de tout son corps, de tout son cœur, de tout son désespoir.

Besson et le « petit enculé »...

Jusque-là, nous entretenions des relations convenables avec Éric Besson. Partageant une passion commune, le football, nous avions débattu à deux ou trois reprises sur un plateau de télévision ou dans un studio de radio. Cela crée une sorte de complicité, au-delà, bien au-delà des clivages politiques. Un amoureux du Football Club de Nantes, du « beau jeu à la nantaise », capable de disserter sur les différentes stratégies et tactiques du foot, se souvenant dans le moindre détail du but « brésilien » marqué par le si beau José Touré lors d'une finale de Coupe de France Nantes-PSG en 1983, songeant à abandonner la politique pour, précisément, racheter le FC Nantes, ce type, donc, ne pouvait pas être tout à fait perdu. À l'époque où nous l'avons découvert, Besson était encore socialiste. Un socialiste un peu pète-sec certes, un tantinet arrogant bien sûr, mais ils sont si nombreux de la sorte au PS.

Nos confrères qui « suivent » le PS, comme on le dit horriblement dans notre jargon, insistaient d'ailleurs sur son sérieux – « Ce type travaille, et ils sont rares parmi les socialistes » – et sur les liens à la fois étroits et conflictuels que Besson avait tissés avec eux. Il était sarkozyste déjà, sans le savoir. Il informait beaucoup – et bien – une poignée de journalistes influents ; il leur livrait petits et grands secrets du bureau national, l'instance qui compte au PS.

Quand, au cœur de la campagne présidentielle de 2007, Éric Besson se désolidarisa de Ségolène Royal, quand il la massacra dans un livre coécrit avec notre ami Claude Askolovitch[1], quand, entre les deux tours, il rallia Nicolas Sarkozy, puis fit campagne sur les tréteaux en sa faveur après avoir balancé tous les secrets de la candidate socialiste qu'il servait précédement, quand il devint ministre de François Fillon puis l'un des principaux dirigeants de l'UMP, *Marianne* ne le ménagea pas, épinglant, parmi d'autres, cette figure de « traître moderne aux grands yeux bleus ». Mais sans plus... Il ne devint pas une tête de Turc du journal. Nous ne le ciblions pas systématiquement, à l'inverse de *Libération* et du *Canard enchaîné*. Longtemps, Éric Besson échappa à notre présumée férocité envers les dignitaires de la Sarkozie. Et il compta très vite parmi les plus éminents puisque le président lui manifestait obstinément et ostensiblement une solidarité de réprouvé. Entre « traîtres de réputation... »

Mieux encore, nous décidâmes de le soutenir lorsque, à l'hiver 2009, il annonça lancer un grand débat sur l'iden-

---

1. *Qui connaît Madame Royal ?*, Grasset, 2007.

tité nationale. Nous estimions alors pertinent de confronter points de vue, analyses, sensibilités, expériences individuelles et collectives sur une question – l'identité nationale – que *Marianne* a toujours jugée centrale dans la construction, le renforcement et la perpétuation de la construction républicaine. Voilà ce que l'un d'entre nous écrivait, le 31 octobre 2009 : « Le ministre de l'Immigration et de l'Identité nationale propose une vaste consultation, "trois mois pour réfléchir à ce qu'est l'identité nationale". (…) Besson a lâché le (gros) mot – identité nationale – et, aussitôt, la gauche bêtifie. (…) Cette facilité démoniaque qu'a la Sarkozie de déstabiliser la gauche, de la faire retomber dans son *lamento* multiculturaliste n'efface pourtant pas une autre réalité : Éric Besson soulève une délibération légitime ; il ne peut pas être question, pour nous et – espérons-le – pour tant d'autres, d'abandonner la question nationale à Nicolas Sarkozy après l'avoir offerte à Jean-Marie Le Pen. Débattre à propos de l'identité nationale ? Chiche, et même à l'initiative du tandem Sarkozy-Besson ! »

Vite, nous fûmes contraints de reconnaître notre erreur. Il nous suffit en effet de quelques jours, d'une série de dérapages, pour comprendre que ce débat sur l'identité nationale – légitime, nous ne le répéterons jamais assez – n'était qu'un instrument de diabolisation de la communauté musulmane. Ce n'était pas le projet originel d'Éric Besson ? Qu'importe, ce qu'il portait à la demande du président de la République empuantissait la vie nationale. Nous le fîmes savoir. Sans outrance, ni exagération. Dans ce contexte délétère, Éric Besson occupait un rôle central en Sarkozie. En retour, il provoquait la haine, la détestation. Cela se racontait sur les ondes, sur les plateaux télé, cela s'écrivait partout dans les journaux. Nous décidâmes de consacrer une enquête et une couverture de *Marianne* au phénomène Besson. L'article, signé par Vanessa Schneider, était à la fois modéré, intelligent, bien informé et dépourvu de passion haineuse. Nous avons décidé de titrer en une « Éric Besson, l'homme le plus détesté de France ».

Si la vente de ce numéro consacré à Éric Besson fut décevante, l'écho médiatique et politique fut considérable, en raison, notamment, du surtitre de la couverture : « Arrêtez-le ». Cette petite phrase-là faisait mouche, partout reprise en boucle. Nous proposons alors à Éric Besson qu'il accepte de débattre de l'identité nationale dans les colonnes de *Marianne* avec Jean-François Kahn, lequel compte parmi les éditorialistes qui, depuis tant d'années, insistent sur l'importance déterminante de cette identité nationale.

Mardi 21 décembre 2009, station Total, boulevard de Courcelles à Paris, 18 h 30. Un appel sur le téléphone portable.

« Bonjour, c'est Éric Besson à l'appareil... Je voulais vous expliquer pourquoi je refuse le débat avec Jean-François Kahn...

— Ah, j'en suis vraiment désolé car six pages dans *Marianne* pour aller au fond des choses, pouvoir s'expliquer et argumenter en longueur, c'était formidable pour vous, pour Kahn, pour le journal, c'est vraiment dommage...

— Sans doute, mais après la couverture que vous m'avez malheureusement consacrée, ce n'est plus possible. Elle était dure, si violente...

— Ce n'était qu'un constat et, d'ailleurs, vous n'avez pas à vous plaindre de l'article...

— C'est vrai, l'enquête est honnête, mais le titre, non, pas le titre, le surtitre précisément, c'est horrible, c'est terrifiant ! Comment voulez-vous que nous entretenions des rapports normaux et apaisés avec une presse, des journaux qui nous traitent ainsi... Il y a quelques semaines, vous avez titré « Brice Hortefeux. Enquête sur un ministre nul ». Une honte !

— Mais vous avez de la chance, monsieur le ministre, de ne pas être italien, anglais ou israélien. Dans ces trois pays, pour ne pas en citer d'autres, les journalistes sont autrement plus féroces que nous, ils ne laissent rien passer, jamais. Ici, nous sommes trop complaisants et c'est sans doute pour cela que la plupart des journaux ne cessent de perdre des lecteurs...

— Au fait comment ça s'invente un titre comme ça, ça sort de quel esprit tordu ?

— Oh, vous savez, on discute, le directeur de la rédaction, ses adjoints, les responsables... On va, on vient et puis, ça sort d'on ne sait qui, on fait une synthèse, on bricole, c'est un métier d'artisan vous savez...

— Le chef de la rédaction, c'est le directeur de la rédaction ?

— Oui, on peut le dire comme ça...

— Et il s'appelle comment, chez vous, le directeur de la rédaction ? »

À ce moment précis d'une conversation jusque-là courtoise, respectant les règles de bonne éducation qui régissent les relations entre un ministre de la République et un responsable de journal, serait-il « d'opposition », le doute s'installe. Pourquoi Éric Besson veut-il que nous lui « lâchions » le nom de Laurent Neumann (c'est lui qui, à cette époque, dirigeait la rédaction de *Marianne*) ? Pourquoi, tout d'un coup, cet interrogatoire quasiment policier ?

« Allez, monsieur le ministre, laissez tomber. Faisons comme si le seul responsable de ce titre c'était le directeur du journal. D'ailleurs je l'assume totalement. Nous estimons en effet que, pour toute une série de raisons, vous êtes bien, aujourd'hui, l'homme le plus détesté de France. Et si vous voulez que je vous explique pourquoi... »

Je n'aurai pas l'occasion de poursuivre. Ton glacial, menaçant, qui monte d'un mot à l'autre...

« Ah, vous assumez ce titre ! Alors sache bien, petit enculé, que je te péterai la gueule, en public, que je te ferai une tête au carré. Pas tout de suite, parce que je suis ministre et qu'un ministre ne peut pas se comporter comme ça. Mais le jour où je ne le serai plus, je te casserai la gueule. À cause d'enculés comme vous, à cause de ce titre, ma mère est malade et mes enfants pleurent. Ils me demandent de quitter le gouvernement, mes enfants, ils n'en peuvent plus à cause de saloperies comme ça. Je suis un Méditerranéen, moi, je viens du Maroc, je suis rancunier et, c'est sûr, un jour ou l'autre, je te péterai la gueule...

— Vous ne m'impressionnez pas, monsieur le ministre, le président m'a déjà joué des scènes du même genre. Alors, vous...
— D'accord, d'accord, mais je vous péterai la gueule. Sachez que si vous faites état de cette communication, je la démentirai, je dirai que vous êtes un menteur... »
Et il raccroche.
La violence sarkozyste. La brutalité sarkozyste. La grossièreté sarkozyste. Sans le charme de Nicolas Sarkozy. Sans l'intelligence de Nicolas Sarkozy qui lui permet toujours, *in fine*, de se raccrocher aux branches. Sans l'ironie mordante de Nicolas Sarkozy sur... lui-même. Provocation pseudo-virile du ministre Besson. Ses amis le décrivent volontiers « intelligent ». Il vient en l'occurrence de se comporter en petite frappe de la politique.
Faut-il rapporter l'incident dans *Marianne*? Nous n'y songeons même pas. Il s'agit, n'est-ce pas, d'une conversation... privée. Coup de fil au directeur éditorial des éditions Grasset, Jean-Paul Enthoven, qui publie les livres de Besson.
Enthoven reste sans voix pendant un long moment et ne paraît pas douter un instant de l'exactitude du récit : « Comment a-t-il pu dire ça ? Comment ? Lui, un ministre ? Lui, un type si intelligent ? Il craque, il implose, voilà tout. Il ne supporte pas qu'on l'accuse de racisme. Je certifie qu'il n'est absolument pas raciste ». Inutile de préciser à Enthoven que jamais *Marianne* n'est tombée dans le piège du « Besson raciste ». Parce que ce n'est pas exact. Parce que nous n'avons cessé de dénoncer la criminalisation de l'adversaire en utilisant systématique-

ment la double infamie racisme-antisémitisme. Nous n'en sommes pas moins des « enculés » et *Marianne* la caisse de résonnance des enculés.

Claude Askolovitch, le co-auteur du brulôt anti-Royal, prend la nouvelle sur un ton plus badin : « Ça, c'est bien du Besson, il est vraiment marrant ce type ! Sachez qu'il est tout à fait sérieux quand il menace comme ça. C'est un sanguin, un vrai ; un type du Sud, un vrai. Et il est malheureux de ce qui lui arrive, il ne comprend pas pourquoi il provoque tant de haine. Il est persuadé d'avoir été utile à la République en contribuant, le premier, le plus fort, à la destruction de Royal. Si j'arrive à le joindre, je lui dirai bien sûr qu'il a déconné. Mais il restera convaincu d'avoir eu raison, de réparer par la violence, au moins verbale, le tort que vous lui avez fait. Parce que "l'homme le plus détesté de France", c'est quand même exagéré... »

Une demi-heure plus tard, le portable sonne à nouveau.

« C'est à nouveau Éric Besson. Je ne retire rien sur le fond, votre couverture était odieuse, mais je tiens à m'excuser : je n'aurais pas dû vous parler ainsi. Je n'ai pas supporté l'état de ma mère et les réactions de mes enfants. Je crois que vous pouvez me comprendre. Du moins, je l'espère... »

Depuis, nous n'avons pas échangé un mot avec le virulent M. Besson. La seule fois où nous l'avons croisé, au Parc des Princes un jour de match, nous lui avons serré la main, sans échanger un seul mot.

L'ambassade de Bazire

Échange téléphonique avec Nicolas Bazire, le numéro 2 du géant du luxe LVMH, l'un des rares intimes de Nicolas Sarkozy à exercer parfois une influence véritable sur le chef de l'État. Directeur de cabinet quand Édouard Balladur, entre 1993 et 1995, gouvernait la France et Matignon, Bazire aime le pouvoir et la politique. À plusieurs reprises, Sarkozy a d'ailleurs tenté d'attirer son ami à ses côtés : pourquoi ne remplacerait-il pas Claude Guéant au secrétariat général de l'Élysée ? Pourquoi ne succéderait-il pas à François Fillon ? Bazire n'a rien voulu entendre. Lieutenant de Bernard Arnault à la tête de LVMH, il participe à la construction d'un géant du capitalisme mondialisé. Et il gagne beaucoup d'argent. Alors le président doit se contenter de ses conseils, lui confiant quelques missions et ambassades discrètes. Ainsi auprès de nous.

Avec Nicolas Bazire, nous avons toujours entretenu des relations convenables. Son humour – à la Balladur –, son détachement – toujours à la Balladur – sont appréciables dans cet univers – la Sarkozie – où prime l'agressivité.

Ce jour-là, en septembre 2010, nous guettions son appel non à propos du président de la République, mais des *Échos*, le grand quotidien économique, propriété de LVMH. En quelques échanges aimables, notre affaire fut réglée ; toutefois l'ami du président ne souhaitait pas raccrocher avant de nous avoir parler du « traitement » que nous infligerions à Nicolas Sarkozy.

« Pourquoi tant de haine, de violence, d'acrimonie ? Ce n'est pas cela l'opposition républicaine. Vous pratiquez une forme d'assassinat en politique...

— À quoi fais-tu allusion précisément ? Nous n'éprouvons pas la moindre haine envers Nicolas [Sarkozy]... La haine, hormis peut-être à l'encontre des fascistes, voilà un sentiment qui nous est radicalement étranger...

— Vous vous moquez de moi ? Et « Le Voyou de la République » en août dernier, c'est quoi d'autre sinon un cri de haine, un strict appel au meurtre politique ? Le problème ? Vous ne vous en rendez même plus compte tant vous déchaîner contre Nicolas est devenu une habitude. Ce n'est pas cela, ce n'est pas comme ça, le combat politique...

— Tu te trompes. « Le Voyou de la République », c'est un titre 100 % politique, 100 % réfléchi, 100 % assumé. Après le discours de Grenoble – un discours à tonalité incontestablement néopétainiste et nous en avons été bouleversés – il nous fallait choisir entre deux hypothèses : soit Sarkozy est sincère, croit à ce qu'il raconte et, dans ce cas-là, il s'est, pour des millions de Français, exclu du cercle républicain, soit il a joué un coup, certes détestable, pour tenter de récupérer l'électorat promis à Marine Le Pen et ce qu'il a raconté lui fait en réalité autant horreur qu'à nous. Nous avons préféré retenir cette seconde hypothèse : voyou plutôt que néopétainiste. Espérons pour lui et pour nous que nous ne nous soyons pas trompés...

— Vous exagérez, mais bon, ce ne serait peut-être pas inutile que vous vous disiez tout cela de vive voix... »

La voilà, sa mission : nous suggérer une rencontre avec le président pour apaiser le contentieux, pour désamorcer les antagonismes. Sarkozy sait faire... Nos rencontres avec lui n'ont jamais été anodines. Mais celle-là est-elle seulement utile ? Nous expliquer que nous n'avons rien compris à Grenoble ? Nous signifier qu'envers et contre tous il sera le grand réformateur de cette société française si encroûtée ? Nous rappeler une fois encore, avec tant d'élégance, que si *Marianne* vit, et vit bien, c'est grâce à lui ? Cela fait dix-huit mois que le président nous évite, qu'il a biffé nos noms de la liste des interlocuteurs fréquentables, ceux qu'il convie à déjeuner pour pérorer. *Libération*, *Le Monde* et *Le Nouvel Observateur* se tiennent convenablement à table, tant mieux pour eux. *Marianne* est « grossier », donc exclu. Alors quel intérêt y aurait-il à rejoindre le club des convenables ?

Pour entendre ses explications, oui, bien sûr, c'est l'une des définitions de notre métier. Accepter de se faire insulter ? Cette fois, nous ne le supporterions pas et Sarkozy le sait : s'il accepte de nous recevoir, c'est pour se tenir à carreau, être charmant, intelligent, persuasif et drôle.

Fine mouche, Bazire pressent nos hésitations. Il pointe aussitôt nos contradictions, il insiste.

« Parler, c'est toujours utile de se parler, je crois que Nicolas y tient...

— Nous allons réfléchir et nous appelerons Claude Guéant [le secrétaire général de l'Élysée], pour fixer un éventuel rendez-vous...

— Guéant, mais pas du tout, c'est par moi que ça s'organise... »

Bataille d'influence au sein de la Sarkozie. Mesquinerie habituelle du pouvoir au quotidien, même quand il touche les sommets.

« Dans ce cas, organise un rendez-vous à quatre : Sarkozy, toi, Domenach et moi. »

Blanc au téléphone, Bazire bafouille :

« Ce serait mieux que, pour cette reprise de contact, on se retrouve à trois, Nicolas [Sarkozy] sera plus à l'aise. L'autre Nicolas est devenu un ennemi vraiment irréductible. Allez, je m'occupe de tout ça... »

Deux jours plus tard dans la matinée : nouvel appel du même Bazire, un souffle de panique dans la voix...

« Ce ne sera pas possible, non décidément ce ne sera pas possible...

— Le rendez-vous avec Nicolas ? Pas grave, nous n'étions pas demandeurs. C'est peut-être même mieux comme ça. D'ailleurs avons-nous vraiment des choses à nous dire ?

— Mais si, bien sûr, mais on nous dit que cette semaine vous vous en prenez à Carla. Et ça, Nicolas ne peut pas l'accepter...

— On te dit n'importe quoi. *Marianne* publie en effet des extraits d'une biographie de Besma Lahouri[1], sans révélations scandaleuses, rien qu'on ne sache déjà, pas de quoi faire une histoire... »

Bazire, inquiet, veut couper court à la conversation. Aurions-nous toutefois la courtoisie de lui faire porter le journal dès que possible afin qu'il puisse lire les fameux extraits ? Cela va de soi.

Depuis, nous n'avons plus eu aucun contact politique avec l'émissaire Bazire...

Pour être précis (et honnêtes envers nos lecteurs), il n'est pas inutile de préciser que Carla Bruni-Sarkozy considère l'un de nous deux comme un ennemi personnel, bien qu'ils ne se soient jamais rencontrés. Elle l'a d'ailleurs précisé à de multiples reprises – « Le directeur de *Marianne* se fait de l'argent sur notre dos. » Toujours la même rengaine. Pourquoi cette détestation ? Parce que, depuis plus de trente ans, celui-ci entretient des relations d'amitié avec Bernard-Henri Lévy, même si leurs désaccords politiques et idéologiques sont nombreux. Mme Bruni-Sarkozy raisonne, elle, de façon binaire : l'ami de mon ennemi devient *ipso facto* un ennemi. Puisqu'elle a eu des différends avec Lévy et sa famille,

---

1. *Carla, une vie secrète*, Flammarion, 2010.

tout proche de ceux-ci est *ipso facto* classé dangereux, ennemi, opposant à mater.

La paranoïa à l'Élysée.

Le bon week-end du président

Depuis qu'il est installé à l'Élysée, à l'exception d'une rencontre en mai 2008, Nicolas Sarkozy a rompu toute relation professionnelle directe avec nous. Il considère en effet qu'il perdrait son temps à nous recevoir, à nous parler, à nous expliquer puisque, à travers *Marianne*, ce journal qui, selon lui, incarne l'esprit et la lettre de l'antisarkozysme, nous serions devenus d'irréductibles ennemis. Cette décision – à laquelle il se tient – ne nous choque pas : le président choisit ses interlocuteurs et c'est son droit ; cet ostracisme ne nous interdit d'ailleurs pas de travailler en Sarkozie. La plupart de ses amis, ministres et conseillers nous reçoivent, petit-déjeunent ou déjeunent avec nous sans estimer utile de prendre la moindre précaution. Le chef n'impose pas à son entourage le respect de sa liste noire personnelle. C'est appréciable.

Dans ce contexte délicat, Nicolas Sarkozy prend pourtant la peine de nous lire. Quelques mois après son élection, en décembre 2007, le nouveau chef de l'État autorisait la photographe Bettina Rheims à le suivre partout durant une semaine pour le compte de *Paris Match*, vision publique et versant privé. Il ne se prêtera jamais plus à ce jeu... L'un des clichés les plus forts montre le président prenant le petit déjeuner du samedi matin dans ses appartements privés avec deux de ses fils, Jean et Louis. Sur la table rectangulaire, un journal au-dessus de la pile, bien en évidence, *Marianne*, que Nicolas Sarkozy vient de recevoir. Et ce titre de couverture : « Tout ce qu'on ose dire de lui à l'étranger ». Ce n'était déjà guère câlin, convenons-en.

Jamais Nicolas Sarkozy président ne s'est permis de nous faire passer directement un message, un commentaire, une analyse ou une colère. Il nous boude ou il nous snobe. Au choix... À deux reprises néanmoins (la publication de l'Appel républicain notamment, cosigné entre autres par Dominique de Villepin, Ségolène Royal, François Bayrou, Jean-Pierre Chevènement, Corinne Lepage, Nicolas Dupont-Aignan, Bertrand Delanoë, Noël Mamère et Arnaud Montebourg, et notre couverture après l'odieux discours de Grenoble sur l'identité nationale, l'immigration et l'insécurité, dénonçant « Le Voyou de la République »), il avait lancé à nos basques ses aboyeurs de service, Nadine Morano, Christian Estrosi, Frédéric Lefebvre et compagnie. Leurs dérapages à répétition servirent notre cause, ces deux numéros de *Marianne* atteignant des ventes records. Sinon, Nicolas Sarkozy, en cycliste, joggeur et sportif accompli, encaisse les coups – et les articles critiques – sans (trop) broncher.

À l'inverse, il nous fait parfois savoir sa satisfaction. Ainsi, le 13 novembre 2010, au cœur du mouvement social sur les retraites, alors qu'une majorité forte de Français conteste non pas le principe d'une réforme, mais cette réforme-là renforçant l'injustice, nous commandons un sondage présidentiel 1er et 2e tour à l'institut Harris Interactive. La cote de popularité du président étant à cette époque au plus bas, nous guettions des résultats apocalyptiques en la défaveur de Nicolas Sarkozy. Or, pas du tout. Après un 1er tour convenable (26 %), il n'était défait par Martine Aubry qu'à... 51-49. Dans le contexte, un triomphe et, surtout, la garantie qu'une réélection en 2012 est envisageable.

Appel d'Alain Minc, l'un des grands exégètes de Sarkozy et du sarkozysme, avec qui nous entretenons d'excellentes relations parce que nos divergences sont à la fois affichées, assumées et dépassées.

« Nicolas vous remercie, vraiment. Il va pouvoir passer un excellent week-end. Il ne s'attendait pas, mais alors pas du tout, à un écart aussi minime...

— Cette fois-ci, nous n'avons pas testé Strauss-Kahn, uniquement Aubry en tant que chef de l'opposition...

— Eh bien, comme d'habitude, vous vous trompez. D'abord, parce que Dominique est le meilleur adversaire possible pour Nicolas, le plus facile contrairement à vos clichés et à vos schémas ! Le candidat des riches, ce sera lui. Ensuite, parce qu'une présidentielle, ça se joue à deux ou trois points près, jamais davantage, et qu'en campagne Nicolas n'est pas le plus manchot, le plus malhabile... Ce sondage, c'est vraiment inattendu et formidable... Qu'il soit initié par *Marianne* et publié dans *Marianne*, c'est encore meilleur...

— Tu raisonnes comme si nous lui voulions par définition du mal. Mais c'est faux et tu le sais pertinemment. Nous serions ravis de trouver des points positifs à sa politique, et le plus souvent possible...

— Tout ça, c'est du détail. Quand une bonne nouvelle arrive par *Marianne*, elle est encore meilleure, c'est tout... »

Le sondage baume au cœur, le sondage qui apaise un moment au moins un président en surrégime permanent. Toujours il a étudié, scruté, dépouillé sondages comme enquêtes qualitatives et à l'Élysée plus encore. Jamais un président n'en aura autant ingurgité. Jamais les experts en opinion qui l'ont accompagné dans la conquête, Patrick Buisson et Pierre Giacometti, n'auront été si considérés. Mitterrand, puis Chirac avaient bien leur sorcier, Jacques Pilhan ; Sarkozy a ses sourciers sondeurs. Sa température personnelle est souvent indexée sur celle que soulignent les baromètres de popularité. Et ses proches suivent au plus près ces humeurs populaires et personnelles. C'est au tour du ministre de l'Intérieur, Brice Hortefeux, de nous joindre.

« Mais ils sont inouïs, ces résultats. Ils rebattent une nouvelle fois le jeu présidentiel et Nicolas est super-content. Moi aussi. »

Alors s'ils sont tous contents de nous...

Remerciements

Merci à Catherine Edelson et Ratsamy Viphakone-Szafran de nous avoir accompagnés dans cette nouvelle aventure alors même que les précédentes les avaient instruites de l'épreuve... collective que constitue l'écriture d'un livre.

Merci à Anna Cabana qui a poursuivi au *Point*, comme dans ses livres, un travail engagé de concert, et qui a bien voulu être notre première lectrice.

Merci à Laurent Neumann, ami exigeant et vigilant, si précieux pour la réussite de *Marianne* comme pour l'accomplissement de ce livre.

Merci à Elsa Bessot et Véronique Gaffric qui ont bien voulu assurer l'impossible suivi de nos pérégrinations scripturales.

Merci aux aventuriers de *Marianne* et de l'Édition Spéciale de Canal + pour leur confiance jamais démentie.

Merci, enfin, à Anthony Rowley de n'avoir jamais douté ni du talent de Simon et Garfunkel, ni de cet ouvrage.

Table des matières

Pourquoi 9

I
Le mystère Nicolas S.

La douleur de l'enfance 23
La version Maman 30
Libre 38
Une histoire de cigares 44
Message personnel 47
La leçon de courage 48
Et si c'était l'Occupation ?....................................... 55
Un juif pas très catholique 61
L'adieu au mort 67

II
L'ascension d'un chef

« J'aime… Chirac ! »	75
La bête blessée	82
La tasse de thé	87
Les crachats	96
Européennes 99 : « Cette campagne, je la sens bien… »	103
Neuilly	111

III
Roman d'amour

« Ma chérie… » « Mon amour… »	117
« Mes poussins sous le bras… »	125
La lionne au combat	130
« C'est trop dur »	134
Chez lui	140

IV
En campagne pour l'Élysée

L'inconsolable de Matignon	147
« Juppé ? Ce type est fou ! »	157
Au Parc des Princes	163
« Il avait des couilles… »	165
« Je ne dérange pas ?… »	174
Le jour où Nicolas m'a embrassé !	181
« Ça m'a fait tellement de bien »	187

Rock Star 193
« Sarkozy va exploser en vol » 201

V
Rupture

« J'suis pas un clébard » 215
Transgressions 222
« Cécilia est à côté de moi » 228
Tout cela finira mal… 230
Un divorce présidentiel 234

VI
Président

« Ici, ils ont tous pris du pognon » 239
Les larmes de Michèle Alliot-Marie 245
Le rire de Séguin 247
Besson et le « petit enculé »… 253
L'ambassade de Bazire 261
Le bon week-end du président 267

Remerciements 271

Pour l'éditeur, le principe est d'utiliser des papiers composés de fibres naturelles, renouvelables, recyclables et fabriquées à partir de bois issu de forêts qui adoptent un système d'aménagement durable.
En outre, l'éditeur attend de ses fournisseurs de papier qu'ils s'inscrivent dans une démarche de certification environnementale reconnue.

www.ingramcontent.com/pod-product-compliance
Lightning Source LLC
Chambersburg PA
CBHW071245230426
43668CB00011B/1590